専修大学社会科学研究所　社会科学研究叢書 26

川崎の研究

——産業・労働・くらしの諸相——

小池隆生・兵頭淳史 編

専修大学出版局

まえがき

　専修大学は，1949年に新制大学として再出発して以来，神奈川県川崎市北部に生田キャンパスを擁し，今日に至るまでこれを研究・教育の拠点として発展させてきた。新制専修大学の歴史は，戦後川崎市のあゆみとともにあったと言ってよい。川崎市は，本学が組織としても，また多くの学生・教職員とその家族が個人や世帯としても享受する公共サービスを提供する，また市内に在住する多数の学生・教職員等がその政策決定に参加するホームタウンであり，さらに，寄付講座等さまざまな形で本学の教育・研究活動に対してご協力を賜ってきた自治体でもある。

　このように，専修大学とは密接な関係を有してきた川崎という街は，本学および社会科学研究所にとっての重要な研究対象でもある。そうした研究成果の一部は，この社会科学研究叢書の既刊第12巻である，宇都榮子・柴田弘捷編『周辺メトロポリスの位置と変容』（専修大学出版局，2010年）といった形で，これまでにも公表されてきた。

　本書は，これに続く，川崎という都市・地域を対象とした専修大学社会科学研究所の特別研究グループによる研究報告の第2弾に位置づけられるものである。折よく，川崎市はこの2024年に市制100周年を迎える。そうした節目となる年に，川崎の街に育まれつつ教育・研究活動を行ってきた本学・本研究所が，その川崎をあらためて見つめ直した研究の成果を上梓させていただけるのは，まことに幸甚なことと言わねばならない。この機会に，川崎市および川崎市民のみなさんには，本学に対するこれまでのご支援とご厚情に対し，あらためて感謝の意をお伝えしたい。

　ところで，とくに首都圏以外の地方に在住する人などには，「川崎」といえば，やはり工業地帯，「工場の街」，というイメージが強いようであるが，

一方で，少なくとも川崎市および近隣地域に在住・在勤の人びとにとって，川崎市が南部・臨海部の工業地帯だけではなく，北部・中部のベッドタウンや田園・里山エリア，南武線と私鉄各線の交差駅周辺に発展した商業地など，日本の主要都市のなかでは比較的小さな面積の都市であるにもかかわらず，その南北に長い市域にきわめて多彩な顔をもっていることは，今や公知のことでもある。本書に収録された諸論稿によっても，川崎市がもつエリアごとに多様な性格が，ときには相補的に，ときには緊張関係をはらみつつ，一つの大都市を形成していることがあらためて認識される。こうした多面的な特性をもった都市をめぐる社会・経済問題を分析することは，当該都市・地域固有の問題状況を検証するということのみならず，そこに日本全体の縮図を浮上させ，より一般的な公共政策上の課題を提示することにも貢献しうると思われる。

　本書は，こうした川崎の諸特徴を，研究グループメンバーの専門領域に引き付けて「産業・労働・くらし」と切り分けることで対象にそれぞれアプローチするスタイルを採用している。

　序章では，長尾謙吉により，多様性・多面性を包含する東京大都市圏を構成する「部分」としての特徴を持つ川崎の地域性が素描される。大都市圏を取り扱った先行研究の検討を通じて，川崎を「自立」した地域として対象化することの困難さが論じられる。

　産業面については，遠山浩と宮嵜晃臣によって，川崎における産業集積をとらえる見取り図が描かれている。それはケース・スタディを含みつつ，グローバル資本の集積プロセス＝競争の中で川崎圏域がおかれている状況を描くこととともなっている。

　労働については，兵頭淳史により地域における労働運動に焦点が合わされ，京浜工業地帯における一つの軸たる「工都・川崎」において，広範な労働者諸階層の要求と社会的課題を掲げた運動がいかに展開し変容していったのかが，高度経済成長期における構造変動に着目しつつ論じられる。

　次に，山縣宏寿により，川崎を含めた県レベルにおける公務セクターの非

正規雇用問題が取り上げられる。地方公務員の処遇が地域住民の福祉にどのように影響を及ぼすのか，地域で働くということ，地域で暮らすということ双方にとってのインパクトまでを視野に入れた議論が展開される。

　くらしについては，多摩区で実施した住民へのアンケート調査結果から，小池隆生，鈴木奈穂美，森啓輔が調査票の項目に応じた分析を行っている。小池は社会保障・社会福祉サービスの利用状況についてコロナ禍を前後する住民の動向を観察・分析した。森は住民の社会関係のありようについて「ネットワーク分析」を精緻に実施している。鈴木は消費様式に注目することで，今日の「都市住民」の生活様式の一端を明らかにしている。

　ところで，川崎は先に述べた地域ごとの多様性のみならず，南部の中心市街・繁華街近隣エリアを中心として，長い歴史をもつ在日コリアンの集住地が存在し，日本をめぐる国際労働力移動が激しさを増した世紀転換期以降は，とりわけ多くの外国人・移民が居住し働く地域であるといった特徴をも示す街である。こうした，グローバルな構造を反映した都市のありかた，あるいは，地域・階級・階層的な多様性に加えて，ナショナリティやエスニシティという面でも増大しつつある多様性をもつ地域といった側面は，都市川崎を論じる上で重要なテーマとなろう。このテーマをめぐっては，前掲書『周辺メトロポリスの位置と変容』においては一つの章を割いて精緻な検討が加えられている。しかし同書刊行より10年以上が経過して，グローバル都市，民族的多様性を内包した都市という観点から川崎市を分析することはますます重要になりつつあるが，このテーマについてのさらなる掘り下げは，今後の課題として残されたことは明記しておかねばならない。

　ともあれ，本書は専修大学社会科学研究所としては2度目となる川崎の対象化である。前回の試みから時を経て，また近年ではコロナ禍という未曾有の災害を経て，それでもなお専修大学がよって立つ地域の「スナップショット」が，本書を通じて浮かび上がるのではあるまいか。

2024年3月　　編者

目　次

序章
大都市圏の再編と川崎市

長尾 謙吉

1. はじめに

　川崎市が2016（平成28）年7月に策定したブランドメッセージは「Colors, Future!　いろいろって、未来。」であり，メッセージに続くのは「多様性は、あたたかさ。多様性は、可能性。川崎は、1色ではありません。あかるく。あざやかに。重なり合う。明日は、何色の川崎と出会おう。次の100年へ向けて。あたらしい川崎を生み出していこう。」である。このブランドメッセージには，「川崎は，多様性を認め合い，つながり合うことで，新しい魅力や価値を生み出すことができるまちをめざしていく，という意味が込められて」いる[1]。川崎市は本書が対象とする産業，労働，くらしにおいても多様性に富み，市内では多面的な状況が観察される自治体である。社会科学の研究を試みるものにとっては，市の多様で多面的な状況を探究し描写することはなかなか難しい。容易でないことを前提にして，具体的課題を検討する各章の前にこの序章では，大都市圏研究の知見をもとに川崎市の多様性と多面性について考えてみたい。

　大都市圏の再編と川崎市の位置づけについて，そして東京大都市圏における川崎市の特性について，既存の研究成果や報告をもとに検討し後続の各章の議論につなげたい。

2．大都市圏の再編と川崎市

　本節では，大都市圏の形成や再編の過程と川崎市との関連について考えてみたい。

　大都市圏は，旧来からの都市自治体の行政的境界を越えて景観的な連続性や機能的な関係が深い圏域である。行政域を越えた関係について，三つの面からとらえられてきた。第一に景観的に大都市と連続している市街化された地域（市街化連担地域），第二に通勤など日常的な行動面から大都市との結びつきが深い地域（日常生活圏），第三に経済活動や転入人口などからみて大都市と関係が深い地域（大都市影響圏）である（富田［2010］）。第一の地域のように都市的土地利用のみをもって圏域を把握することは少なくなり，第三の点からでは交通通信技術の発展した現代では強い影響力を有する大都市の圏域は広範にわたる。通勤，通学，買物など日常生活をもとに大都市圏の圏域が設定される場合が多い。交通手段の発達は，職住分離を促し，小さな地理的スケールでの機能分化が進んできた。

　東京都心部を核とする東京大都市圏は，世界最大の大都市圏であり，川崎市はその大都市圏に含まれている。都市を対象とした場合に，国を単位とした統計と異なり，都市や都市圏の設定基準が異なっているので，比較は容易でなく注意を要する。世界比較でよく用いられている国際連合が集計しているデータは，日本については国勢調査の関東大都市圏に基づいており，低めの通勤率設定での範囲の大きさや農村的地域を相当に含むことが問題視されることもある[2]（小田・遠藤［2024］）。

　集計にあたりいくつかの問題点があることは確かであるが，2018年の大都市圏人口について国際連合が集計したデータである表序－1をみれば東京大都市圏が世界最大の規模を誇ることがわかる。大阪（京阪神）大都市圏は第10位に位置している。インドのデリーやムンバイ，中国の上海や北京，ブラジルのサンパウロなど新興国や中国の大都市圏が世界の上位に位置する

表序-1　大都市圏人口の世界10位（2018年）

	都市名	国名	人口
1	東京	日本	37,468
2	デリー	インド	28,514
3	上海	中国	25,582
4	サンパウロ	ブラジル	21,650
5	メキシコシティ	メキシコ	21,581
6	カイロ	エジプト	20,076
7	ムンバイ	インド	19,980
8	北京	中国	19,618
9	ダッカ	バングラデシュ	19,578
10	大阪	日本	19,281

人口の単位は千人。
出典：United Nations, Department of Economic and Social Affairs, Population Division [2018] *The World's Cities in 2018: Data Booklet.* より作成。

ようになった。かつて上位に位置し大都市の象徴的存在であったニューヨーク，ロンドン，パリは上位10位内から姿を消している。なお，大阪は2030年にはランク10位の圏外となると予測されている（United Nations [2018]）。

　大都市圏の歴史的形成過程を把握するには，産業革命とエネルギー革命という技術変化，空間編成，社会的変容という「三位一体」での展開を理解しておく必要がある。産業革命は，第二次産業と第三次産業の集積，それらへの従業者と家族の集住，行政教育機能の集積と生産と生活を支える社会資本の形成を軸に，経済社会活動の中心地（結節点）をなす場所としての都市の機能を強化してきた。

　内燃機関と電気の発明と実用化というエネルギー革命のもとで，「19世紀の，空間的に窮屈で，過密と貧困に象徴されてきた工業地帯型大都市は，空間的な制約条件を大幅に解除されて，広い範囲にわたって通勤圏を形成し，それを基礎として日常的な生活が営まれる。このような通勤圏ベースの日常生活圏は大都市圏と呼ばれることになる。」（伊藤 [2006：189]）

　拡大してきた大都市圏の空間構造と土地利用は，比喩的には地層のように

層状のものが重なりながら編成されてきたものである（マッシー［2014］）。それゆえに，地歴学を提唱する伊藤が述べるように，「人間の生活が土地を基盤としてはじめて可能となる」（伊藤［2006：2］）ことから，都市における土地の履歴をふまえて社会の変化をみる必要がある。なぜなら，「社会の現実は，必然的に時間軸と空間軸の交点で生起しており，両者を切り離せば切り離すほど現実から遠ざかることになる」（伊藤［2006：iii］）からである[3]。

　東京大都市圏は，近世の高密度都市であった江戸から人口規模の拡大と空間的な拡大を伴ってきた。工業や人口の分散，都市再開発，成長だけでなく衰退する郊外という経路を辿ってきた（小田・遠藤［2024］）。集中と分散の力学が働いてきた歴史と地理については，現代を対象とする場合においても背景として押さえておく必要がある。さらに，日本の大都市圏の場合，1920年代から東京市，大阪市，京都市の三大都市に横浜市，名古屋市，神戸市を加えて六大都市であったという歴史を忘れることはできない（北村［2013］）。東京大都市圏と大阪大都市圏は，東京と横浜，京都と大阪と神戸という「単核」ではない大都市圏として形成されてきた歴史を有し，都市圏の多核化を視野に入れなければならないのである（大阪市立大学経済研究所ほか［1986］）。川崎市の場合，規模的には横浜より小さいものの一定の中心都市性を有する。「都市圏の誕生とは郊外の誕生と同義であるといってよい」（中澤［2019：58］）のではあるけれども，多核を有する東京と大阪都市圏は中心柱を有する場所からの影響力が複雑にからみあってきた。

　東京大都市圏の複雑な状況のもとにあるため，川崎市を研究する場合に難しさに直面することとなる。専修大学社会科学研究所の社会科学研究叢書12『周辺メトロポリスの位置と変容――神奈川県川崎市・大阪府堺市』（宇都・柴田［2010］）には，社会学者による示唆に富む論考が収録されているが，筆者にとって「周辺メトロポリス」が何を意味するのか理解できなかった。メトロポリスとは，周辺への影響力を有する大都市を意味することが多い。都市圏は英語では metropolitan area となる。上掲書はメトロポリスの

頭に「周辺」があるものの大都市の「隣接都市」である川崎市や堺市を対象
とし，大都市の多大な影響のもとで両市が「自立」の可能性を見出すべく研
究されたものである。そこには大都市圏の再編に関わる重要な論点がいくつ
か提起されている。

　広田は，エドワード・ソジャによるポストメトロポリスの議論（Soja
［2000］）に触発され，グローバル化のもとでの大都市圏再編過程において
川崎は「東京に組み込まれつつ，その中核都市の一つとして都市を模索して
いると言ったほうがいいかもしれない」（広田［2010：171］）という印象
を述べている。その章では，「グローバル対ローカル，あるいは中心対周辺
というグランドナラティブな言説から一旦解放して」（広田［2010：177］），
川崎の多文化・多民族経験を場所の形成や政治を織り交ぜ検討している。

　ソジャによるポストメトロポリスに関する提起の中でも三番目となるエク
ソポリス（Exopolis: the restructuring the urban form）が，川崎を考える
場合に一つの鍵となる。エクソポリスはソジャ流の造語であるが，大都市圏
の空間形態が中心部を核とする同心円構造のように，内側が外側を一方的に
規定するだけではなく，外側が内側を規定する力学もふまえた再編過程であ
る。今野による論考の副題「郊外化から再都心化の時代へ」は，そうした再
編の一つの方向性であり，「郊外化から再都心化へという開発の焦点の移行」
と「市行政の開発抑制方針から開発促進方針への転回」を示している（今野
［2010：19］）。また，川崎は「圧倒的に東京の影響が強いという特異性があ
り，郊外化も川崎市中心部からの郊外化ではなく，東京の郊外という形で開
発されたという特性がある」（今野［2010：19］）。柴田は「川崎市は，転入・
転出者の割合が高く，また市外への通勤・通学移動者の割合が多く昼夜間人
口の差も大きい人口高流動都市」（柴田［2010：96］）であり，「高流動社会」
（柴田［2010：111］）としての川崎の特徴を明らかにしている。

　上記の点から考えてみれば，大都市圏内部の特定の都市を研究対象とする
場合は，「自立」を強く意識するよりも，むしろ圏域内での相互依存関係と
その変化をとらえた方が適していたかもしれない。

3．東京大都市圏のなかでの川崎市の特性

　2020年の国勢調査をもとに設定されている関東大都市圏は，図序−1の
ようにかなり広域である。この大都市圏は「景観的には農村的な地域も多分
に含んでいる」ため，より限定的に実質的な都市集積の把握や東京都・埼玉
県・千葉県・神奈川県の一都三県を便宜的に大都市圏とすることもあるが，
いずれにせよ人口3000万人を超える巨大な都市圏である（小田・遠藤
［2024：109−111］）。なお，通勤や通学という移動から一定のまとまりが観
察されるとはいえ，「人々の日常生活の営みである諸活動がなされる空間的
範囲」である「生活活動空間」は，空間的広がりがよりコンパクトにおさまっ
ている場合が多いことを留意しておく必要はある（荒井［1996］）。
　図序−2に示すように，川崎市は東京都や横浜市に隣接する長細い市域を
持ち，川崎区・幸区・中原区・高津区・宮前区・多摩区・麻生区の7つの行
政区からなる。なお，川崎市は1972年に政令指定都市に移行し，1982年に
高津区から宮前区が多摩区から麻生区が分区している。
　大都市圏の人口動態を把握するため，2010年代における人口増減につい
て図序−3を用意した。研究対象である川崎市の動向を明瞭にするため，神
奈川県と島嶼部を除いた東京都の市区町村別の変化を地図に示している。
　川崎市の人口は150万人を超え，かつての六大都市である京都市や神戸市
の人口を上回っている。図序−3からは，人口の「都心回帰」とともに「選
別される郊外住宅地」（江崎［2006］）の状況が明瞭になり，外郊外や遠郊
部と称される地域に比べると，川崎市の各区をはじめ東京都区部に近い市区
での人口増加がうかがえる。
　次に，大都市圏の人口動態の特徴が表れやすい昼夜間人口比率についての
図序−4を用意した。人口の「都心回帰」や就業機会の「郊外分散」が報告
されつつも，昼夜間人口比率をみれば都心と郊外の基本的な構図は維持され
ているようである。また，東京や横浜の都心部に比べると川崎市の都心部の

関東大都市圏

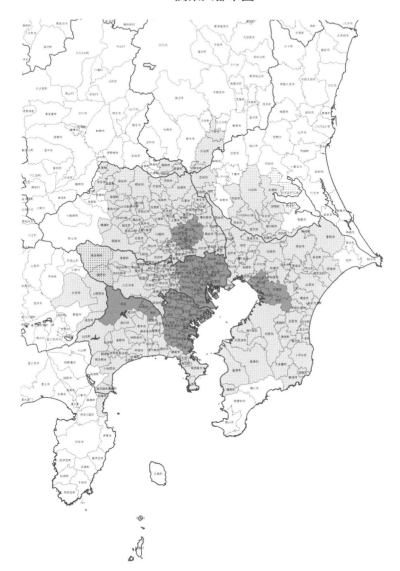

図序－1　国勢調査における関東大都市圏

注：薄いアミは関東大都市圏の範囲，濃いアミは中心市となる政令指定都市の範囲。
出典：総務省統計局。

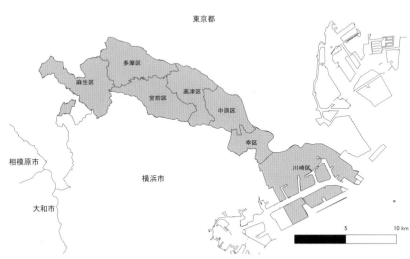

図序 −2　川崎市と各区の位置

卓越性は弱いことが図から読み取れる。

　さらに図序 – 4 から示唆されるのは，川崎市内での南北あるいは北西―南東という方向性での差異である。川崎市に関する既存研究において，「臨海部・内陸部川崎の二面性」（伊藤［1987］），「溝ノ口以遠の川崎市域西北部は，後背地という点では，川崎臨海部の別世界だったと見られる」（今野［2010：16-17］），「産業都市としての臨海部（川崎区）とそれに接続する内陸部（幸区，中原区）と北西部の丘陵地帯の中高層マンションの林立した『川崎都民』の住む住宅都市・東京のベッドタウン（多摩区，宮前区，麻生区）に分極しているといっても過言ではない」（柴田［2010：115］），「横長の市域から生まれた川崎の北西・南東格差問題」（細川・宮藤［2020：26-31］）などと指摘されてきた様相である。都市化や郊外化の時期の違いが，地形をはじめとする自然環境，鉄道をはじめとする建造環境と関わりながら形成されてきた都市の履歴が関わっている（小泉［2020］）。

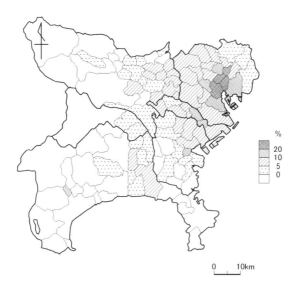

図序-3　人口増減（2010年から2020年）

出典：国勢調査をもとに作成。

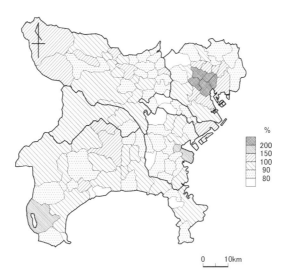

図序-4　昼夜間人口比率（2020年）

出典：国勢調査をもとに作成。

　川崎市の多様性は，地理的諸相とからみあっている。「ここは，地獄か？」という帯がつけられた書籍にある「『ガラが悪い』というイメージを連想するかもしれない」（磯部［2021：4］），「川崎の闇と光」（細川・宮藤［2020］），「男女ともに平均寿命日本一の麻生区」をはじめセンセーショナルに語られることも多い。川崎市の特性は，その歴史と地理を十分にふまえておく必要がある（小川［2003］，牛垣［2016；2020］）。

4．おわりに

　多様で多面的な様相を示す川崎市を社会科学的に探究するのは難しいものがある。孤立した都市として川崎をとらえるには限界があり，東京都区部をはじめとした周辺の地域との関係を無視することはできない。加えて，市域内では多面性があり，ある特定のフレーズをもって川崎を表象することには限界がある。この序章では，大都市圏の再編との関わりで川崎市を素描した。続く各章では，産業，労働，くらしの諸側面にアプローチする。本書が多様で多面的な川崎市を理解する一助になれば幸いである。

〔注〕
1 ）川崎市「川崎市ブランドメッセージ「Colors, Future!　いろいろって、未来。」https://www.city.kawasaki.jp/170/page/0000078324.html　2023年3月12日最終確認。
2 ）国勢調査における関東大都市圏は，東京特別区と政令指定都市である川崎市，横浜市，さいたま市，千葉市，相模原市を中心市として設定し，中心市への15歳以上の通勤・通学者数の割合が当該市町村の常住人口の1.5％以上であり，かつ中心市と連接している市町村を大都市圏の範囲としている。なお，筆者は関東大都市圏というネーミングには違和感を持っている。中心都市名ではなく関東という地方名を用いることは，シティ－リージョン（city-region：都市−地域）という観点が十分に表せないのではないかと危惧する。
3 ）専修大学社会科学研究所では，こうした時間軸と空間軸の交点を意識し，「近代化遺産を通して学ぶ社会変化」という実態調査を北関東で実施してきた。速報的な調査報告や紀行文を『専修大学社会科学研究所月報』の第710・711合併号［2022］，第715・

716合併号［2023］，第722・723合併号［2023］に掲載している。
https://www.senshu-u.ac.jp/research/center/syakai/kankoubutu/　　2023年3月12日
最終確認。

〔参考文献〕

荒井良雄［1996］「住民の生活活動と都市空間」『総合都市研究』第59号，49–58頁。

磯部涼［2021］『ルポ川崎』新潮社（新潮文庫）。

伊藤喜栄［1987］「東京区部周辺地域の動向と問題―川崎市を事例として―」『経済地理学年報』第33巻第4号，285–296頁。

伊藤喜栄［2006］『教養としての地歴学―歴史のなかの地域』日本評論社。

牛垣雄矢［2016］「動態地誌的観点と歴史的観点を取り入れた地域構造図の作成：神奈川県川崎市を事例に」『東京学芸大学紀要　人文社会科学系Ⅱ』，61–68頁。

牛垣雄矢［2020］「身近な地域の地誌―神奈川県川崎市の地域調査―」矢ケ崎典隆・加賀美雅弘・牛垣雄矢編『地誌学概論［第2版］』古今書院，10–18頁。

宇都榮子・柴田弘捷編［2010］『周辺メトロポリスの位置と変容―神奈川県川崎市・大阪府堺市』専修大学出版局。

江崎雄治［2006］『首都圏人口の将来像―都心と郊外の人口地理学―』専修大学出版局。

大阪市立大学経済研究所・田口芳明・成田孝三編［1986］『都市圏多核化の展開』東京大学出版会。

小川一朗［2003］『川崎の地誌―新しい郷土研究』有隣堂。

小田宏信・遠藤貴美子［2024］「東京大都市圏」小田宏信編『日本経済地理読本　第10版』東洋経済新報社，109–133頁。

北村亘［2013］『政令指定都市―百万都市から都構想へ』中央公論新社（中公新書）。

小泉諒［2020］「都市化時期を考慮した川崎市の居住地域構造の検討」『社会科学研究所月報』第685号，1–17頁。

今野裕昭［2010］「産業構造の転換と川崎の都市開発―郊外化から再都心化の時代へ―」宇都榮子・柴田弘捷編『周辺メトロポリスの位置と変容―神奈川県川崎市・大阪府堺市』専修大学出版局，1–47頁。

柴田弘捷［2010］「川崎市内産業・従業者特性と住民の性格」宇都榮子・柴田弘捷編『周辺メトロポリスの位置と変容―神奈川県川崎市・大阪府堺市』専修大学出版局，49–115頁。

富田和暁［2010］「大都市圏の定義と変容」富田和暁・藤井正編『新版　図説　大都市圏』古今書院，2–5頁。

中澤高志［2019］『住まいと仕事の地理学』旬報社。

広田康生［2010］「アジア都市川崎の多文化・多民族経験」宇都榮子・柴田弘捷編『周辺メトロポリスの位置と変容―神奈川県川崎市・大阪府堺市』専修大学出版局，171–195

頁。

細川恵太・宮藤泰美編［2020］『日本の特別地域　特別編集94　これでいいのか　川崎』
　　マイクロマガジン社。

マッシー，ドリーン著，森正人・伊澤高志訳［2014］『空間のために』月曜社。Massey,
　　Doreen［2005］*For Space*, Sage.

Soja, Edward W.［2000］*Postmetropolis: Critical Studies of Cities and Regions*, Basil
　　Blackwell.

United Nations, Department of Economic and Social Affairs, Population Division
　　［2018］*The World's Cities in 2018: Data Booklet*.

第1章
川崎の産業集積の変遷

遠山　浩

　本章については，遠山［2024］『中堅・中小企業のイノベーション創出と産業集積地の将来—SDGs・カーボンニュートラルをふまえた検討』（専修大学出版局）の第2章に詳しいが，川崎の産業集積を考えるにあたり，日本の経済成長に川崎臨海部の果たした役割を，誘致を経て集積した臨海部の大企業群と，彼らから素材の供給を受け生活物資供給につながる組立て・加工を担う内陸部の中小製造業に大別して論じるのが適当と考えられる。そこで以下ではその整理を試みるとともに，川崎の中小企業の構造転換についても述べていきたい。

1．臨海部を中心に素材を供給して京浜工業地帯を支えた大企業の構造転換

　川崎市の工業出荷額の大半（事業者数が7869社と多かったバブル末期1990年の臨海部を主とする川崎区の工業出荷額は32億円で川崎市全体の79％であった）を臨海部が所在する川崎区が占める。2020年の事業者数（従業員1人以上，経済センサス調べ）は川崎市全体で1483社あり，2020年の新型コロナウイルス感染症の影響で低迷したものの川崎市の工業出荷額は3兆4113億円で，川崎区の占める比率は75.9％であった。

　川崎の工業化は明治末期から大正初期に遡る。1912（大正元）年に川崎町議会全員協議会にて「工業誘致の町是」が決議され工業振興の方針を打ち出していくが，それと前後して，横浜製糖（現在の大日本明治製糖），東京

電気（東芝），鈴木商店（味の素）などの大企業が立地する。また大正期から昭和初期にかけて，浅野財閥の創始者である浅野総一郎が東京市から横浜市にかけての臨海部埋め立てを進める中で，川崎の臨海部埋め立て地に鉄鋼，セメント，化学工業といった大規模素材産業のプラントが徐々に建設されていく。1930年代に入り戦時色が強くなる中で開発・量産が急務となった通信技術分野において，富士通信機製造（富士通）が創業し，また日本電気が生産増強および研究拠点確保のため川崎に進出する。これら大手製造業の拠点は第二次世界大戦で焼失するが，この戦前の基盤を中小製造業が協力工場として支える形で戦後復興，高度成長がはじまる。

　国は高度経済成長期から国土の均衡的発展を目指し生産拠点の地方への分散を図った。1960年代に，国は首都圏に多い生産拠点の分散を図り，1980年にはテクノポリス政策の下でイノベーション拠点の分散も図ったがうまく進まなかった。土地の拡張が難しい民間企業では地方に生産拠点を移す企業もあったが，地方採用がうまく進まない企業の多くは，首都圏の生産拠点をマザー工場または研究開発拠点に転換した。

　一方，東京都城南地区などから中小製造業が川崎に移転し，川崎の産業集積は形成されていく。こうして，高度成長期に至り，首都圏他地域・市内内陸部に川崎臨海部で生産された素材は供給されていく[1]。その後安定成長期に入り，日本製の電気機器，自動車が国際市場を席巻するようになり，後述のとおり川崎の内陸部に電気機器の協力工場が多かったこともあり，電気機器関連産業が発展していく。そうこうして安定成長期が終わり，バブル期を経て，アフターキャッチアップ期に入り拠点の再配置が大企業，その協力工場ともに急務となる。大企業の生産拠点は，マザー工場または研究開発拠点となり，川崎市は，固定資産税減収にならないように，大企業のマザー工場または研究開発拠点化を支援していく[2]。

　ここにきて，JFE が2023年秋に高炉を廃止すると発表した。これまでの大きな工業出荷の一翼を担ってきた製鉄がなくなる。そこで川崎は近隣の横浜市，国と協調して，水素拠点，SDGs 拠点への転身を図っている。固定資

産税減収にならないように市は支援（2050年にカーボンニュートラル達成
という国際公約ゆえに国を後押し）するという。

　川崎はカーボンニュートラルという国策も意識しないといけないが，基礎
自治体という市民・地場中小企業の窓口であり，課題は他にも多数ある。た
とえば，子育て支援の充実等が市民の要望としてある。政策対象の多くは市
民が立ち入ることがない地域である工業専門地域に立地する臨海企業ではな
く内陸部大企業になるがJFE跡地活用と同じ視点が求められる。

　川崎の臨海部は，川崎の製造業，ひいては京浜工業地帯の経済成長，すな
わち日本の経済成長を牽引してきたわけだが，臨海部の大勢を占める川崎区
における川崎市製造業の付加価値額のシェアの推移を示したのが令和4年度
「川崎市の統計」である。製品出荷額，付加価値額ともに減少傾向にあるが，
川崎区が製造業のおおむね70％以上を占めているのがわかる。

　川崎は製造業の街であると同時に公害の街として残念ながら知られている
が，川崎では全国に先駆けて公害防止条例を制定するなど，公害と闘ってき
た歴史も有する。昔の川崎，臨海部といえば，煙をもこもこと排出し大気汚
染の原因をつくり，多摩川や羽田沖に汚水を垂れ流して水質汚濁を生む元凶
であった。経済成長の代償として公害がとらえられていた時代である。しか
しながら，今日ではきれいな空と多摩川を取り戻している。これは川崎市が
企業の先頭に立って公害と闘ってきた成果にほかならず，川崎には社会・環
境問題を克服しつつ産業構造の転換に対応してきた実績がある。こうした実
績はカーボンニュートラルの取り組みにも活かされると期待される。

　2023年9月5日付日経新聞朝刊1面に「JFE、2000億円調達　公募増資
と転換社債で　脱炭素へ成長投資」という記事が載った。新聞記事を読む限
り，水素拠点化は資金使途に含まれていない。水素拠点に要する資金は，官
民双方で資金負担するということかもしれない。川崎が取り組むべきテーマ
は多々あるような気がする。上記記事の隣に「インフラ整備ファンド　三井
住友信託など　再エネや空港　念頭　まずは300億円」という記事がある。
企業が事業リスクをとって構造転換を図るのを後押しすべく，官がより大き

な資金リスクをとって，こうした民間ファンドが補完的に資金リスクをとる
組み合わせとなるかもしれない。

2．川崎内陸部の中堅・中小企業の構造転換

　首都圏各地や川崎の内陸部に立地する組立加工産業の多くは中堅・中小企
業で，ブランド力があり販路を持つ大企業の協力企業，下請け企業であった。
川崎の臨海部から供給される素材を加工し組み立て，前述の大企業へ供給す
る企業群であった。

　中小製造業の協力企業・下請け企業の集積地としては，東京都大田区が有
名である。前の東京オリンピックが終わったころから住工混在問題が厳しく
なり，工場の拡張や独立を含む新規創業が難しくなってきた。しかし，地価
等のコストがより高い都心部と反対側の多摩川の向こう岸を見ると，安い地
価や人件費が存在する。川崎の内陸地域である。こうして NEC，富士通，
キヤノン，東芝といった大企業に納品する電気機器を中心に，多くの企業が
川崎に移転することになる。

　一昔前の中堅・中小企業は，納品先であるブランド力・販路のある大企業
の言うとおりに生産していればよかった。大企業が最終製品として何を作る
かを決定し，部品加工が得意な企業，組み立てが得意な企業を選定するとい
う，いわゆる需要搬入機能を果たし産業集積地が形成されていたが，もの不
足の時代が終わった近年は，大企業が必ずしもこうした需要を産業集積地内
にもちこまなくなってきている。このため力のある中核企業が需要搬入機能
を担うようになってきた。地元の自治体も中堅・中小企業がこうした動きを
することを，たとえば川崎の知財交流事業のように支援している。

　なお，こうした中核企業は，たとえば川崎市高津区の佐々木工機，和興計
測のように，必ずしも中堅企業まで規模を拡大していない。なぜならば，産
業集積のメリットを活用して情報収集コスト等を削減し，経営資源を自社内
に取り込む判断をしていないからである。

3．産業構造の転換に向けて：大企業の対応

　ここまで産業面の流れを見てきたが，こうした産業面の動きに地元住民の意見や，社会情勢をふまえた動きを政策に取り入れることが自治体には求められる。都市部に立地する川崎では特にその傾向が強い。詳しくは第 2 章で述べるが，バブル期の経済活動は活況であったものの，その前から核家族化が問題となり，不登校，校内暴力が社会問題化してきた時期である。それまでは首都圏のインフラ整備に邁進し，漫画『ドラえもん』にでてくるように空き地には土管が置いてあった。土管の製造会社である日本ヒューム管が生産拠点を川崎市高津区に構えていたわけだが，バブル期を境に撤退を検討する。これは産業構造の転換という観点からはやむを得ない判断である。

　民間企業の決断として利益の極大化を図る。高い価格で売れるところへの売却を優先するのは当然である。しかし，ここで川崎市はインフラ整備という課題解決から不登校という社会問題の解決へと政策の重点が変化していく。

　今の時代の社会問題と言えば，国際公約になっているカーボンニュートラルであろう。これに資する活動が各企業に求められている。一方，産業構造の転換という観点から言うと，鉄鋼の生産は国際価格競争力を失ってきている。JFE は川崎の高炉を休止する判断を下した。川崎市は，隣接する横浜市や技術開発が必要な分野であるため国と協同して，固定資産税減収にならないように，SDGs・水素拠点化に対し支援している。この地域の用途は工業専門地域であり一般の市民が行ける地域ではない。用途地域の変更権限は地元の自治体にあり，最適な転換がなされることが期待される。

4．産業構造の転換に向けて：中堅・中小企業の対応

　従業員の雇用維持を考える大企業は，量産拠点としての使命が終わった量

産工場のマザー工場化・研究開発拠点化を図る。この動きを受け中堅・中小企業はどのように動いたかについてアンケート調査を実施した。教科書的には，産業集積のメリットをとれる地域にマザー工場・研究開発拠点を大企業は残し，試作開発品供給に中堅・中小企業は勤しむとされているが，実態はどうであろうかとの問題意識の下で調査を実施した。その成果の一部を示したい。

（1）アンケート調査にみる適切な中堅・中小企業向け産業振興政策

　調査は2021年12月20日から2022年2月11日の期間に，東京商工リサーチ（TSR）のデータから「住所が川崎市」「製造業」「中小企業」でヒットする1315社（＝①）（2020年の従業員4人以上の製造業者が1070社であることを考えると中小製造業にほぼ行き渡ったと考えられる）に本章末の付録にあるアンケート用紙を配布し，郵送・FAX・WEBで回答を求める方式で実施し，うち112社（＝②）から回答を得た。回収率は8.5％（②/①）である。

　競争環境が厳しい企業は，イノベーションの達成を目指して，企業連携を図ると考えられる。そこで，質問1-1では，企業の置かれた競争環境について聞いているが，競争が激しくない「1〜3」と答えた企業が34％，激しい「4〜6」と回答した企業が66％あった。結構な割合の回答企業が競争環境にいる様子がうかがえる。これに対して，質問1-4で企業の連携状況について尋ねたが，多い「5，6」としている企業はなかった（「4」が33.9％にとどまった）。質問1-1で「4〜6」としている企業で質問1-4を「4」と回答している企業も21社と低調であった。このことからイノベーション達成の協業前に連携からはいるという前述の仮定は，都市型産業集積の中堅・中小企業では成り立たない。いきなりイノベーション達成を志向する様子がわかり，いきなり難しいことを試みても成就していないように思われる。中小企業間のコミュニケーションを高める支援が行政に求められる。

　質問7で連携先企業の決定要因を聞いているが，企業の社風・人材を重視しており，企業の内容を民間企業間の往来で理解しているためと思われる。

連携先を探し，自社の技術力やアイデアを向上させ，利益が伸びることを各企業は目指している。質問9で企業間連携の満足度を聞いているが，9-4（利益の成長度）と答えている企業の「4～6の合計」が70％と最も満足度が高い。

川崎市の産業振興部門は，中堅・中小企業の構造転換に熱心で，かつては特定のテーマに絞らず異業種交流促進に力を入れていたが，今日その中心にある「知財交流事業」や「かわさき基準（KIS）認証事業」は，特定のテーマに絞り企業単体の実力向上を目指すものである。企業のニーズに合っていると言え，「キャラバン隊の組成」により企業ニーズの把握に努めているように，川崎市が企業のニーズを聞くところから始めている証左と言えよう。

川崎市の産業振興政策はこのように企業ニーズにマッチしていると言える。質問12で川崎市のイノベーション支援策に対する企業の認知度というか，企業の評価を聞いているが，質問12-6で情報を希望するという「4～6の合計」が56％を占めるように支援策の周知が届いていない可能性がある。最も高い回答が12-7にある補助金情報の告知を希望するという回答の「4～6の合計」が70％を占めるように，支援策の結果としての補助金情報をもってくる存在が市役所であると企業に思われている感じがする。川崎市の産業振興政策の課題は，企業意識との関係にあるのかもしれない。ここを改善するアプローチ施策が重要である。

質問14で川崎という都市型産業集積地に立地しているメリットを聞いているが，14-1（首都圏へのアクセスのしやすさ）14-8（全国へのアクセスのしやすさ）といった交通の便については肯定的回答「4～6の合計」が70％を超えているものの，14-10（行政からの支援の受けやすさ）は40％を割っている。この点を川崎市は肝に銘じなければならない。

14-2（関連製造業の拠点の近さ）は60％を超えており，中堅・中小企業に産業集積地に立地しているという認識はある。この集積のメリットを活かせるプレイヤーとして行政が加わる必要性があるのではないか。その解が技術集積の理解を深める施策にあると筆者は考えている[3]。技術集積に資する

人材育成が求められる。質問15でイノベーション活動に期待する効果を聞いているが，15-2（技術の相乗効果）を高いとする「4〜6」と選択した企業の割合が45.9％，15-12（従業員能力の向上）が45％と高く，これらが15-4（市場優位性の確保）45.9％，15-13（企業イメージの向上）50.4％につながると考えると，川崎市の中小製造業向け施策は企業ニーズに合っていると言える。

（2）“ものづくり”の今日的課題解決の主役は中小製造業

　近年，中国等東アジア諸国・地域の台頭が著しく，日本での“ものづくり”は難しくなったとの意見をよく耳にする。経済学では比較優位の位置にある国・地域で生産を行えばよいという考え方があるが，移転した国・地域での雇用等を考えると，空洞化と言われるようにものごとはそんな単純には運ばない。雇用等を考えると企業の存続が重要である。効率性だけでヒトは生きていない。そこでキーとなるのは，オーナー系の中小製造業である。

　オーナー系中小製造業は，よく言われるようにビジネスを理解すれば決断が早く，自社が脈々と築いてきた技術への思い入れは強い。このため彼らのビジネスの理解の核となるのは「技術情報」となる。また，従業員の働き方への臨機応変な対応も容易であり，付加価値創出に貢献した者への利益配分に前向きなオーナー系中小製造業経営者も少なくない。ただし，中小製造業の多くは必要な経営資源が不足しており，低い取引コストで外部の経営資源を内部の経営資源のように活用できるかがポイントとなる。その解が産業集積にあると考える。このため適切な「技術情報」にアクセスできれば，新たな資金需要が発生する可能性が高い。

　キラリと光る技術等を持った中小製造業は存在し，彼らがこれまでの日本の成長を支えてきた。彼らの多くは限られた技術分野で優位性を発揮し産業集積内の柔軟な分業に参加することで生き残りを図ってきた。自社内の経営資源は少ないが，必要な経営資源を揃えるような努力を産業集積内の柔軟な分業体制で行っている。その見返りとしてガバナンスを受けている。

　同一の国・地域に生じる産業集積内では日和見的な企業行動は許されない。これはガバナンスを集積内で受けているとも言える。金融面で一般的に考える資本や負債のガバナンスと違う作用である。したがって，産業集積内に立地する基礎自治体は，このガバナンスメカニズムの下で活動していくことが求められる。すなわち，経営資源の乏しい中小製造業がこうした行動をとれるように支援し，中小製造業とともに歩むことが求められ，基礎自治体の都合での行動は求められない。

（3）都市型産業集積の広域化

　オーナー系中小製造業の中軸となるのは都市部の町工場である。というのも，日本の都市部には大きな消費市場が存在し，企画開発につながる機能をもつ大企業や大学等研究機関も都市部に集中しているためである。したがって，地方の企業であれば，都市部に拠点を確保してこうした需要を取り込むことが肝要になる。一方，土地代の高い都市部で量産拠点を持つことは難しい。それゆえ，都市部の企業は量産拠点を国内地方都市や東アジアに求めることになるが，中小製造業の場合1社で両方の拠点を抱えることは難しいため，都市部と都市部以外の中小製造業における連携・協業が現実的な解となってくる。しかも，同一の産業集積内で必要とする「技術情報」の探索が成長期は容易であったが，求める技術の高度化もあり，今日では同一地域での探索は難しい。筆者は都市型産業集積の広域化の流れの中でこの解決を考えているが，その際に重要な情報となるのがやはり「技術情報」である。その「技術情報」を活用して「アントレプレナーシップ」を高めた行動をしていくことが，国・地域の付加価値を高める，すなわち国・地域で住民が豊かな生活を送れること・イノベーションにつながる。

　近時SDGsへの対応がバズワードとなっているが，大企業のサプライチェーンの構成員である中小製造業もスコープ3への対応が強く求められるようになるであろう。中小製造業が立地する国内地方都市や東アジア諸国・地域の工業団地が脱炭素電源を使っているのは売りになるように思える。

　また，日本産業興隆のためにスタートアップ企業の台頭が待たれるという表現を耳にする。スタートアップ企業は自由な発想で新しい技術の開発に挑むものの，スタートアップ企業だけで"もの"はできない。スタートアップ企業の「技術情報」を理解したものづくり企業が必要である。都市部にファブレス型企業が多いのは，都市型産業集積の活用を目指す点にある。彼らは「技術情報」収集に熱心なオーナー系中小製造業への期待が高い。都市型産業集積地に立地する中小製造業の中には，スタートアップ企業と協力してデバイスを大企業や大学に提案する企業が存在する。量産段階や集積内に無い技術が必要なときには，彼らは国内地方都市や東アジア諸国・地域での展開を念頭に置いている。大企業はオープンイノベーション化を進めており，大企業の研究者にわかりやすい提案をする意味でも有益で，将来の量産への期待も膨らむと言える。

　かつての大企業は，「技術情報」の探索から市場の創出までを一手に引き受け，需要を産業集積地に持ち込んでいた。これを需要搬入機能と筆者は呼んでいる。ただし，需要の創出は欧米の物まねでよかった。成長経済の時代はこれでよかったものの，今日は成熟経済であり，欲しいものはすでにあふれている時代である。しかも，海外への生産移管を進めた大企業の需要搬入機能は落ちており，需要搬入機能の新たな担い手が求められている。この需要搬入のポイントとなるのもやはり「技術情報」であり，そこから逃げない姿勢が基礎自治体には求められている。

（4）基礎自治体の役割

　需要搬入機能の新たな担い手創出のためには何が必要か。ものを効率的につくればよい時代は日本では終わったので，残念ながら日本への単純な生産拠点回帰を期待しても難しいだろう。ものを使って何ができるかを考える，提案できる能力が求められるのではないか。

　川崎は，障がい者，外国人，低所得労働者と多様性に富んだ住民が住む街であり，多様な需要が存在する。この特徴を産業構造変遷に活かさねばなら

ない。

　ものづくりはどこかでやらねばならないので，ものづくりの知識，理解は
必要である。ものづくりの知識，理解を深めたうえでものを使って何ができ
るかを考える，提案できる能力が求められる。これは大企業でも，中小企業
でも，官庁・基礎自治体でも，金融機関でも同じである。今まで求められて
きた人材とは異なる人材が求められるため，教育制度の変革が必要となる。
とはいえ，教育制度の改革となると大きな課題となり一企業や一基礎自治体
での対応は難しいので，産業集積ごとに地域で対応するのが現実的と思われ
る。「技術情報」については，経営資源の乏しい中小製造業にとってそれを
得るのが容易ではない。したがって，必死になって各企業はそれを受発信し
ようとしている。

　基礎自治体は多くの企業と接点をもっているが，企業と基礎自治体との間
には情報の非対称性が存在するため，企業の本質的な強みを知りえていな
い。企業の本質的な強み，すなわち「技術情報」への理解は企業自身が必死
で取り組んでいる。これらは図 1 – 1 が示すようにネットワーク論のリン
ケージ機能によれば，基礎自治体は情報の仲介役として適したポジションに
いると言える。したがって，単なるマッチング会の開催とか，○○業と書か
れたリストを作成・開示するのではなく，オーナー系企業が自分の技術を高

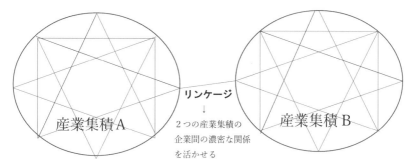

図 1 – 1　産業集積間をつなぐ機能の重要性：リンケージ機能

出典：筆者作成。

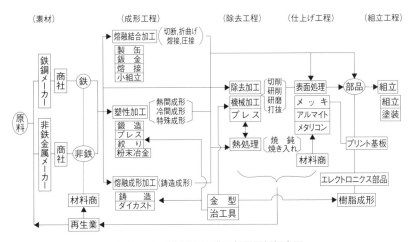

図1-2　機械金属工業の相互関係概念図

出典：関・加藤［1990］p. 108。

めるような技術情報の仲介機能が求められる。とは言え「技術情報」に踏み込むとなると専門性が高くハードルがあがる。日本が強みをもつ機械金属工業について，せめて図1-2くらいの視点をもった仲介を実施できればよいのではないか。

　大企業は，オープンイノベーションを推進する中で，スタートアップ企業との連携を深めていくことになるかと思われるが，スタートアップ企業がどんな技術を持つかを中小製造業が理解するのは難しい。最先端の「技術情報」にキャッチアップするためには，最先端の「技術情報」に長けて投資を行う技術系投資ファンドとの情報交換により中小製造業に還元する姿勢が，大学等研究機関の仲介役を担う基礎自治体としては重要であろう。

　また，国・地域の中小製造業の情報受発信の感度を上げないといけない。そのためには社長の片腕育成に資するリカレント教育への協力も必要であろう。少子化が進んでおり経営者の親族で事業承継者を探すのがむずかしくなっており，従業員に探索の対象を広げるのは時代の流れとなっている。そのためには，社長の片腕候補者の情報受発信の感度向上が求められる。情報

受発信の感度向上のためには，中小製造業経営者・従業員も，支援する基礎
自治体も，文系だからと言って「技術情報」から逃げてはならない。

　オーナー系中小製造業は株主を増やすことには消極的で，資金調達の中心
は銀行借入であるから，金融機関は負債のガバナンスを効かせて中小製造業
を後押しできる立場にある点を活かすべきである。この意味で地域の金融機
関をリードする存在に基礎自治体はならなければならない。「技術情報」を
核に中小製造業経営者の議論を交わすことは，中小製造業への相談機能を高
め，債務者との情報の非対称性を低め与信リスク軽減につながると言える。
技術への挑戦という製造業本来の姿を失うことなく企業自身の考えを進める
ことになる。

〔注〕
1）柏木孝之［2011］に詳しい。
2）関満博［1995］に詳しい。
3）遠山浩［2022］に詳しい。

〔参考文献〕
柏木孝之［2011］『日本型産業集積に明日は来るか』同友館。
関満博［1995］『地域経済と中小企業』ちくま新書。
──────・加藤秀雄［1990］『現代日本の中小機械工業』新評論。
遠山浩［2024］『中堅・中小企業のイノベーション創出と産業集積地の将来─SDGs・カー
　ボンニュートラルをふまえた検討─』専修大学出版局。
──────［2022］「産業集積とファミリービジネスへのガバナンスとアントレプレナー輩出
　─都市型産業集積の広域化と技術導入の視点がポイント─」（pp. 61-74）日本中小企
　業学会編『日本中小企業学会論集㊶ダイバーシティ経営と個性ある中小企業─持続可能
　社会形成を目指す中小企業の役割向上について─』同友館。

付録　アンケート調査用紙（26〜29頁）

専修大学経営研究所大型共同研究助成調査【川崎市における企業間連携とイノベーションに関する調査】

貴社名及び回答者氏名	
連絡先メールアドレス	＠

＊「連携」「イノベーション」につきましては同封の趣旨文をご参照のうえ、ご回答願います。

Ⅰ.貴社の状況に関してお聞きします。

1. 貴社の主力事業が属している業界の状況についてお聞きします。次の項目について、1から6の段階で最も良くあてはまる番号に〇をつけてください。

1. 市場での競争　　　　　　　　　　　（激しくない）1－2－3－4－5－6　（激しい）
2. 市場への新規参入の困難度　　　　　（容　易）1－2－3－4－5－6　（困難）
3. 技術革新の頻度　　　　　　　　　　（少ない）1－2－3－4－5－6　（多い）
4. 他企業との連携頻度　　　　　　　　（少ない）1－2－3－4－5－6　（多い）

2. 現在の主な市場（販売先、取引先）の地域特性について、最も近いものを1つ選んで番号に〇をつけてください。

　　1. 同一市区町村　　2. 隣接市区町村　　3. 同一都道府県　　4. 隣接都道府県　　5. 全国　6. 海外

3. 貴社の様々なイノベーションへの状況についてお聞きします。次の項目にどの程度当てはまるのか、「1 全く重視しない」と「6 非常に重視する」を両端とする状況のうち、貴社に最も近いと思われる番号に〇をつけてください。

	全く重視しない　　　　　　　　　　　非常に重視する
1. 商品の生産方法	1－2－3－4－5－6
2. 商品・サービスの提供方法	1－2－3－4－5－6
3. 物流工程(輸送、倉庫、在庫管理)	1－2－3－4－5－6
4. 販売促進、プロモーション方法	1－2－3－4－5－6
5. 市場調査体制の整備	1－2－3－4－5－6
6. 社内組織、組織風土の改善(試行錯誤を許容する環境)	1－2－3－4－5－6
7. 業務の効率化	1－2－3－4－5－6
8. 新商品、新事業の開発	1－2－3－4－5－6
9. 新たな分野への対応組織の設置(出島)	1－2－3－4－5－6
10. コストの削減	1－2－3－4－5－6
11. 環境負荷の低減	1－2－3－4－5－6
12. 新しい市場の開拓	1－2－3－4－5－6
13. 市場シェアの維持、拡大	1－2－3－4－5－6
14. 顧客単価・製品単価の維持、上昇	1－2－3－4－5－6
15. 新技術獲得の必要性	1－2－3－4－5－6
16. 研究機関・大学とのつながりの構築	1－2－3－4－5－6

Ⅱ.貴社の他企業との連携に関してお聞きします。

4. 貴社は他社と連携事業を行っている、または行ったことがありますか。最も近いと思う番号に〇をつけてください。

1. 積極的に行っている　　　　　　　　　　　2. 取り組んでいる
3. 取り組みの必要性を認識している　　　　　4. 取り組んでいない

　　4で(「1.積極的に行っている」または「2.取り組んでいる」)とお答えの方にお尋ねします。
　　4-2.連携事業は次のどの段階でしょうか。最も近いと思われる番号〇をつけてください。
　　　　1. 開発段階(共同開発テーマの具体化から、製品開発や事業開発の実現に向けた連携)
　　　　2. 事業化段階(具体的な事業として組織化する段階、事業化への取り組み)
　　　　3. 市場化段階(開発した新製品などを広く販売していく段階(市場への浸透))

5. 貴社で連携事業案が持ち上がった時、連携先との関係性や基本項目をどの程度重視しますか。「1 全く重視しない」と「6 非常に重視する」を両端とする状況のうち、貴社に最も近いと思われる番号に〇をつけてください。

全く重視しない　　　　　非常に重視する

1. 過去の縁や友好関係　　　　　　　　1－2－3－4－5－6
2. 相互理解の深さ　　　　　　　　　　1－2－3－4－5－6
3. 経営者同士が知り合い　　　　　　　1－2－3－4－5－6
4. 物理的な距離の近さ　　　　　　　　1－2－3－4－5－6
5. 長期の取引経験の多さ　　　　　　　1－2－3－4－5－6
6. 従業員・経営者同士が知り合い　　　1－2－3－4－5－6
7. 共通経験の豊富さ　　　　　　　　　1－2－3－4－5－6
8. 協働の容易さ　　　　　　　　　　　1－2－3－4－5－6
9. 相手企業の経営状況　　　　　　　　1－2－3－4－5－6

6. 貴社で連携事業案が持ち上がった時、連携先を選定するうえで、技術または事業ドメインの類似性をどの程度重視しますか。「1 全く重視しない」と「6 非常に重視する」を両端とする状況のうち、貴社の考えに最も近いと思われる番号に〇をつけてください。

全く重視しない　　　　　非常に重視する

1. 貴社と連携先の事業内容の共通性　　　　　1－2－3－4－5－6
2. 貴社と類似する技術を保有していること　　1－2－3－4－5－6
3. 連携先の技術内容、レベルの十分さ　　　　1－2－3－4－5－6
4. 連携先と貴社が位置する業界の共通性　　　1－2－3－4－5－6
5. 連携先と貴社の顧客の類似割合　　　　　　1－2－3－4－5－6
6. 連携先の完成製品レベルの十分さ　　　　　1－2－3－4－5－6
7. 連携先と貴社が位置する業種の共通性　　　1－2－3－4－5－6
8. 貴社と連携先のビジネスモデルの共通性　　1－2－3－4－5－6

7. 貴社が連携先企業を決定するうえで、次の項目をどの程度重視しますか。「1 全く重視しない」と「6 非常に重視する」を両端とする状況のうち、貴社の考えに最も近いと思われる番号に〇をつけてください。

全く重視しない　　　　　非常に重視する

1. 相手企業の社長の経営意識　　　　　　　　　　　　　1－2－3－4－5－6
2. 相手企業の将来像　　　　　　　　　　　　　　　　　1－2－3－4－5－6
3. 相手企業所属の人材　　　　　　　　　　　　　　　　1－2－3－4－5－6
4. 相手企業の社風・企業文化　　　　　　　　　　　　　1－2－3－4－5－6
5. 相手企業の組織体制　　　　　　　　　　　　　　　　1－2－3－4－5－6
6. 相手企業の設備　　　　　　　　　　　　　　　　　　1－2－3－4－5－6
7. 相手企業の保有技術　　　　　　　　　　　　　　　　1－2－3－4－5－6
8. 相手企業のこれまでの製品（実物）　　　　　　　　　1－2－3－4－5－6
9. 相手企業の技術的課題に対するアプローチ方法　　　　1－2－3－4－5－6
10. 相手企業との物理的な距離の近さ（所在地）　　　　　1－2－3－4－5－6
11. 相手企業の企業規模（資本金、従業員数、売上高）　　1－2－3－4－5－6
12. 相手企業の事業内容　　　　　　　　　　　　　　　　1－2－3－4－5－6
13. 相手企業の関連企業、取引先　　　　　　　　　　　　1－2－3－4－5－6
14. 相手企業への融資金融機関　　　　　　　　　　　　　1－2－3－4－5－6
15. 相手企業の所属団体　　　　　　　　　　　　　　　　1－2－3－4－5－6
16. 相手企業が研究開発中の技術内容　　　　　　　　　　1－2－3－4－5－6
17. 相手企業の今後の開発案件　　　　　　　　　　　　　1－2－3－4－5－6
18. 相手企業が持つ特許などの知財　　　　　　　　　　　1－2－3－4－5－6
19. 相手企業と他社開発の製品・サービスとの比較結果　　1－2－3－4－5－6
20. 相手企業の財務情報　　　　　　　　　　　　　　　　1－2－3－4－5－6

8. 貴社が企業間連携の相手を探索することに掛ける時間や金額をコストとして捉え、これらにどれだけ費やしているのかについて、「1 あまり掛からない」と「6 とても掛ける」を両端として、貴社の考えに最も近いと思われる番号に〇をつけてください。

		あまり掛からない	とても掛ける
1.会社内容、組織の探索にかけるコスト		1−2−3−4−5−6	

　　（相手の会社への訪問、展示会へ参加する時間や金額など）

| 2.財務内容、企業業績の探索にかけるコスト | 1−2−3−4−5−6 |

　　（財務情報を入手する金額、外部の専門家に依頼する金額、自己で評価する時間など）

| 3.技術の評価にかけるコスト | 1−2−3−4−5−6 |

　　（特許情報を入手する金額、時間など）

| 4.評判を把握するためにかけるコスト | 1−2−3−4−5−6 |

　　（相手の業界内の地位や信用を調査する時間や金額など）

9. 貴社の企業間連携の取り組みに関する満足度を、「1 全く当てはまらない」と「6 非常に当てはまる」を両端として貴社の考えに最も近いと思われる番号に〇をつけてください。

	全く当てはまらない	非常に当てはまる
1.連携による目的達成度	1−2−3−4−5−6	
2.連携による企業内変化度	1−2−3−4−5−6	
3.売上の成長度	1−2−3−4−5−6	
4.利益の成長度	1−2−3−4−5−6	

Ⅲ.貴社のイノベーション活動に関してお聞きします。

10. 国や地方自治体（県、市）にはイノベーション政策があります。これらの政策が貴社でどの程度活用されているかについて「1 全く活用していない」「6 とても活用している」を両端として、貴社の状況に最も近いと思われる番号に〇をつけてください。

	全く活用していない	とても活用している
1.人材育成政策(例:次世代アントレプレナー育成事業など)	1−2−3−4−5−6	
2.産学官連携策・R&D ネットワークの構築の支援策(例:戦略的基盤技術高度化支援事業など)	1−2−3−4−5−6	
3.知的財産・標準化の支援策(例:企業出願・侵害対策支援策など)	1−2−3−4−5−6	
4.研究基盤整備制度(例:大学・官的研究設備の共用など)	1−2−3−4−5−6	
5.研究開発資金制度(例:中小企業技術革新制度(SBIR)及び関連制度など)	1−2−3−4−5−6	
6.地域振興支援策(例:地域ICT 振興型研究開発など)	1−2−3−4−5−6	

11. イノベーション政策は貴社のイノベーションに影響を与えると考えられます。「1 全く役立っていない」と「6 非常に役立っている」を両端とする状況のうち、貴社の考えに最も近いと思われる番号に〇をつけてください。

	全く役立っていない	非常に役立っている
1.新製品開発力・製品企画力の向上	1−2−3−4−5−6	
2.技術の相乗効果	1−2−3−4−5−6	
3.販路の拡大、市場開拓能力の拡大	1−2−3−4−5−6	
4.市場優位性の確保	1−2−3−4−5−6	
5.製造原価の低減	1−2−3−4−5−6	
6.研究開発コストの抑制	1−2−3−4−5−6	
7.付加価値の拡大	1−2−3−4−5−6	
8.企業間連携の構築	1−2−3−4−5−6	
9.人材定着率の拡大	1−2−3−4−5−6	
10.顧客満足の向上	1−2−3−4−5−6	
11.相手企業の特許・パテントの利用促進	1−2−3−4−5−6	
12.既存業務の効率化	1−2−3−4−5−6	
13.従業員能力の向上	1−2−3−4−5−6	
14.企業イメージの向上	1−2−3−4−5−6	
15.職場の雰囲気改善	1−2−3−4−5−6	
16.人材採用数拡大	1−2−3−4−5−6	

12. 貴社のイノベーション活動支援策として次の項目をどの程度希望しますか。「1 全く希望しない」と「6 非常に希望する」を両端とする状況のうち、貴社の考えに最も近いと思われる番号に〇をつけてください。

	全く希望しない	非常に希望する
1.人材育成支援	1－2－3－4－5－6	
2.専門家による支援	1－2－3－4－5－6	
3. AI活用、IoT活用などのDXスキル	1－2－3－4－5－6	
4.連携企業・研究機関とのマッチング	1－2－3－4－5－6	
5.他社事例の情報提供	1－2－3－4－5－6	
6.支援策や制度の情報提供	1－2－3－4－5－6	
7.補助金・助成金、融資制度の充実	1－2－3－4－5－6	
8.投資家とのマッチング	1－2－3－4－5－6	
9.ビジネスモデル	1－2－3－4－5－6	
10.セールス・プロモーション	1－2－3－4－5－6	

13. イノベーション政策はどの程度、貴社の満足、影響を与えますか。「1 全く当てはまらない」と「6 非常に当てはまる」を両端として貴社の考えに最も近いと思われる番号に〇をつけてください。

	全く当てはまらない	非常に当てはまる
1.売上成長に対する影響度	1－2－3－4－5－6	
2.利益成長に対する影響度	1－2－3－4－5－6	
3.従業員スキル向上に対する影響度	1－2－3－4－5－6	
4.会社の技術力向上に対する影響度	1－2－3－4－5－6	

14. 貴社は京浜工業地域という産業集積地に立地されています。イノベーション、連携活動を行ううえで、当地に立地する理由について、「1 全く当てはまらない」と「6 非常に当てはまる」を両端とする状況のうち、貴社の考えに最も近いと思われる番号に〇をつけてください。

	全く当てはまらない	非常に当てはまる
1.首都圏へのアクセスのしやすさ	1－2－3－4－5－6	
2.関連製造業の拠点の近さ	1－2－3－4－5－6	
3.大手製造企業の多さ	1－2－3－4－5－6	
4.地価の安さ	1－2－3－4－5－6	
5.産業連携のしやすさ	1－2－3－4－5－6	
6.研究機関拠点の近さ	1－2－3－4－5－6	
7.高度人材の獲得のしやすさ	1－2－3－4－5－6	
8.全国へのアクセスのしやすさ	1－2－3－4－5－6	
9.異業種の多さ	1－2－3－4－5－6	
10.行政からの支援の受けやすさ	1－2－3－4－5－6	

15. イノベーション活動にはその期待する効果があると考えます。貴社が得られた効果は「1. とても低い」と「とても高い」を両端とする状況のうち、最も近いと思われる番号に〇をつけてください。

	とても低い	とても高い
1.新製品開発力・製品企画力の向上	1－2－3－4－5－6	
2.技術の相乗効果	1－2－3－4－5－6	
3.販路の拡大、市場開拓能力の拡大	1－2－3－4－5－6	
4.市場優位性の確保	1－2－3－4－5－6	
5.製造原価の低減	1－2－3－4－5－6	
6.研究開発コストの抑制	1－2－3－4－5－6	
7.付加価値の拡大	1－2－3－4－5－6	
8.人材定着率の拡大	1－2－3－4－5－6	
9.顧客満足の向上	1－2－3－4－5－6	
10.相手企業の特許・パテントの利用促進	1－2－3－4－5－6	
11.既存業務の効率化	1－2－3－4－5－6	
12.従業員能力の向上	1－2－3－4－5－6	
13.企業イメージの向上	1－2－3－4－5－6	
14.職場の雰囲気改善	1－2－3－4－5－6	
15.人材採用数拡大	1－2－3－4－5－6	

記入漏れがないかご確認ください。最後までご回答いただき、ご協力ありがとうございました。

第2章
社会構造の変化に応じた川崎の
産業集積の転換
——ケーススタディ

遠山　浩

　第1章で見たとおり，川崎の産業集積は社会構造の変化に応じる形で変化している。その中で，社研調査として2023年1月26日にJR津田山駅から徒歩圏にある川崎市子ども夢パーク（運営：認定NPO法人フリースペースたまりば）と，2023年2月17日にJFEスチール東日本製鉄所京浜地区の東扇島の高炉を視察する機会があった。川崎の産業集積を考えるとともに意義深い視察であったわけだが，以下ではそれぞれの持つ意義を整理する。

　神奈川県副知事を1970年代から80年代にかけて務められた久保孝雄氏（KSP元社長）が「神奈川県は日本の縮図」のようなことを述べていたが，今の時代，川崎市という基礎自治体にそれはすごくあてはまる内容である。

1．川崎市子ども夢パーク

　子ども夢パークは不登校中学生が自由に学べる機会を提供すべく，日本ヒューム管（現・日本ヒューム）の工場跡地に1991年に設立された。視察直前にNHKで放送されたこともあり，訪問者が絶えないというお忙しい中対応いただいた。

　ヒューム管とはコンクリート製の円筒物で，工事現場で導水管として使用される。『ドラえもん』等昭和の漫画で空き地等に置かれていた通称「土管」である。下水道が完備し建設工事が一巡した日本では需要が減少したため，津田山に建設された工場も撤退を余儀なくされた。日本ヒュームのホーム

ページを見ると，「総合コンクリート主義」を掲げ，生産拠点はグループ会社にとどまるのみで，北関東等土地代が比較的安い地域やインドネシア，タイといった地域にあるのみである。生産拠点が川崎からなくなったのも時代の流れかと思われる。

キャッチアップ期が終わったころに日本の経済環境はバブル期を迎えるわけだが，社会環境でもいろいろひずみが生まれてくる。その一つが子供の教育問題である。それまでの社会では，成長の担い手を育てることが重視され，画一的な能力形成が求められた。学校教育でもそれに合わない子供は「はみ出し者」と扱われ，「はみ出し者」に該当する子供が不登校児として扱われてきたように思える。1980年代中盤から後半において流行ったTV番組では，不登校や校内暴力が扱われていた。そんな時代である。川崎市に新たに住み着いた住民にはこうした家庭が少なくなく，ちょうど日本ヒューム管の川崎市からの工場撤退はこうした時期にあたったこともあり，工場跡地の活用を市民団体に求めることになった。

また，第1章でみたように，バブル期を境に都市部の産業構造は大きな転換期を迎える。ひととおりのものはそろい，ものを作れば売れる時代は終焉を告げたのである。終焉に伴い生活の質が問われるようになったが，日本へのものづくり回帰を願う向きはいまだに強い。

1990年代初頭には，まだソーシャルビジネス（SB）という言葉はなかったが，社会福祉事業に行政だけが取り組むことの限界が，都市部では認知され始めた時期にあたる。行政こそが社会福祉事業が得意とは限らない。認定NPOフリースペースたまりばの子ども夢パークの取り組みなどのように，認定NPOに任せたほうが上手くいく分野は少なくない。

川崎市は一地方都市であるが，大東京に隣接しており，全国的傾向を反映している。産業構造が転換する局面でそうした課題に向き合ってきた。こうしたSBの取り組みが産業集積という産業構造の転換の中で成果をあげていることは特筆に値する。川崎では産業構造の転換を社会情勢変化にうまく対応する形で乗り切っている。

2．JFE 高炉跡地の活用と水素エネルギー供給拠点化

　当然ながら，見学の時点では東扇島の高炉は一部稼働していたが，2023年9月に川崎で稼働していた最後の1基の高炉の操業が停止された。鉄鉱石を高温にするために大量の石炭をコークスとして燃やしそれを加工して製鉄する。製鉄には大量の二酸化炭素を排出する。

　こうした製鉄所による鉄の増産が日本の高度経済成長を支えてきた。まさに「鉄は国家なり」の時代である。二酸化炭素を大量に排出して経済を成長させてきたわけだが，製鉄は国際競争の分野で韓国や中国といったアジアの国々に比して価格競争力を失ってきている。そこで，日本の製鉄所は高度な製鉄を目指しているが，これも競争力を失いつつあるようで，JFE は東日本の生産を千葉県の千葉地区に集中させる，すなわち川崎工場（京浜地区）の高炉を全面休止することを決めた。

　この川崎市の高炉全面休止は，カーボンニュートラルへの追い風となる。しかし，経済成長が終わったからカーボンニュートラルに資するというだけでは，カーボンニュートラルを目指したことにはならない。そこで，川崎市は横浜市と協定書を結び，カーボンニュートラルの推進を目指している。しかし，土地の所有者は JFE であり，カーボンニュートラルに向けどのように活用するかの決断を行うのは JFE である。川崎市は JFE がカーボンニュートラルに取り組みやすいように国，横浜市に働きかけ，支援することでカーボンニュートラルの実現を目指している。

　2023年6月2日に「JFE スチール株式会社東日本製鉄所京浜地区の高炉等休止に伴う土地利用方針（案）」を川崎市は公表しパブリックコメントを募集したあと，8月に土地利用方針を策定した。その中で川崎の臨海部が首都圏のエネルギー拠点となっている現実をふまえ，クリーンなエネルギーである水素の供給拠点とするといった活用が盛り込まれている。

　日本は一次エネルギーを海外からの輸入に頼っている。水素還元製鉄も模

索されている[1]。水素をエネルギーとしてみる際にも，海外からの大量輸入が必須となる。その際に外洋に接する港湾設備のある東扇島は鉄鉱石や石炭の輸入港として使われていた実績があり，国策であるカーボンニュートラルを進める際に追加負担が少なくてすむ。

　そして，臨海部で使うエネルギーについては，既存の化学コンビナート間のパイプラインを活用でき，パイプラインでつながりにくい遠隔地向け輸送には安全に輸送できるトラック・システムの開発がまずは必要であるが，広大なトラックヤードが必要となることに疑いの余地はない。2050年に向けて国内の輸送技術は確立されていくだろうというのが今日の見立てであるが，どのように国内輸送技術が採用されるかわからない。しかしながら，広大な土地を必要とすることは間違いない。しかも，前述のように外国からの輸入に当地は適している。国内輸送に採用される技術を決定するにしても，輸入拠点が定まっていないと，具体的に思い描けない。そして，国内輸送が東京湾岸の問題にならない産業・電力向け供給にもパイプラインで供給可能というメリットがある。これらの意味において，特に後段で産業につながっているという意味において，国とNEDOが注力している福島水素エネルギー研究フィールド（FH2R）[2]よりも，JFEの跡地は魅力的である。

　しかしながら，他の地域と比較して優位性があると喜んでいても仕方ない。再生エネルギーの知見は，職員を東大に派遣したいわき市のほうが高いような気がするし，水素エネルギーの知見そのものは，2023年6月に開催されたシンポジウムを見ても，神戸市のほうが川崎市よりも高いように思える[3]。これらの意味で，川崎市は必ずしも先頭を走っていない。

　日本全体と考えた場合，日本は地震大国でもあるので，大別して，東日本に1カ所，西日本に1カ所，水素受け入れ拠点が必要となろう。そう考えると，川崎市の抱える高炉跡地という広大な土地は意味を持ってくる。グリーン水素を製造する際に再生エネルギーで発電が必要になる。洋上風力は千葉県沖でも展開が進んでおり，千葉県のほうが福島県いわき市よりも首都圏に近く有利である。しかし，東北の受け皿拠点としての位置づけがいわき

市にはある。かつて，首都圏に石炭を供給していた小名浜港がいわき市には
あり，水素を運搬できる内航船が停泊できる。このように考えると，川崎市
で再生エネルギーすべての知見を高める必要はなく，外部の知見を利用すれ
ばよい。

　また，臨海部で産業構造を転換した事例として，川崎市は殿町地区を，い
すゞ自動車の最終組立て拠点からバイオ研究拠点の集積地へと転換した成功
事例があり，その経験を活かせるという強みも川崎にはある。

　あわせて，多くの協力企業（中小製造下請企業）が JFE の高炉に関連し
て存在していたが，彼らに対する事業転換への注意も川崎市は忘れていな
い。これは産業労働局という一つの組織で，中小企業経営支援と雇用確保と
を見るようにした効果であろう。

　国は2017年に世界に先駆けて[4]水素基本戦略を取りまとめた。その後菅
首相によるカーボンニュートラル宣言があったこともあり，2023年6月6
日に水素等関係閣僚会議を開いて，改めて「水素基本戦略」を取りまとめ，
2050年カーボンニュートラル達成に向けた官民共通認識を持つようにした。
この中で，カーボンニュートラル宣言を受けて改定された第6次エネルギー
基本計画で，2030年度の電源構成の1％程度を水素・アンモニアで賄うこ
ととしている点を反映させ，水素・アンモニアを，未来を担う新たなエネル
ギーから，電力供給の一翼も担うエネルギーとして位置づけている。また，
カーボンニュートラル宣言に合わせて創設された2兆円のグリーンイノベー
ション基金では，水素関連技術に8000億円があてられ，商用化に必要な技
術開発や実証が行われている。

　こうした国の水素基本戦略との整合性を保つ必要はあるが，川崎市が JFE
との間に立ち，カーボンニュートラルな首都圏向けエネルギー供給基地とし
て，JFE の高炉跡地を転換していけるかが，今後の注目点である。

　社会情勢の変化に応じた産業構造の転換を，カーボンニュートラルという
難題，国際公約の達成と同時に成立させねばならない。川崎は基礎自治体の
顔を持つと同時に，東京に隣接しているがゆえに全国区の顔もあわせ持つた

め，この難題にどのように取り組むかが注目されている。川崎市が技術への理解度を高め，経済産業省等の国が現場への理解を深める努力をする必要があろう。

3．産業構造の変化と社会構造の変化との先読み

　先に述べたように，基礎自治体は国と違い，産業構造の変化を契機に住民の社会構造変化の要請にこたえていかないといけない。そう考えると，社会構造の変化を先読みして，起こり得る産業構造の変化に対応していく姿が求められる。この意味において，カーボンニュートラル以外で川崎市民が求める社会の変化とは何だろうか。川崎の社会問題として市民の関心事は何だろうか。その一つは，川崎の多様性への取り組みではないだろうか。

　川崎には，在日外国人へのヘイトスピーチを阻む条例を定めた歴史がある。川崎には実にいろいろな人が住んでいる，SDGsのテーマとなる社会課題は実に多様である。こうした多様性を受け入れる土壌が川崎にはある。

　SDGsで求められる目標の中で，2節でみたようなカーボンニュートラルは取り組みやすいが，多様性への対応に取り組みにくいのは世界共通のようである。しかし，SDGs目標の基本は"誰ひとり取り残さない"である。しかも川崎には先に見たように取り組み実績がある。民間でも障がい者雇用に取り組むダンウェイ[5]（川崎市中原区）や外国人雇用に取り組む東京エンヂニアリング（川崎市中原区）がある[6]。このような取り組みは域外（他地域・他国）に移出できる取り組みであり，今後そうした需要も生まれてくるであろう。そのためにも，ペティ＝クラークの法則どおりに製造業からサービス業へのシフトが見られる産業構造の変化をとらえた産業政策が重要になるのではないか。

　また，寄付文化醸成に取り組む公益財団法人かわさき市民しきん（川崎市中原区）がある。筆者はかねてより社会課題解決にあたっては，人事異動でたまたま担当者になる行政に任せるよりも，ソリューション方法に気づいた

人が社会課題解決に取り組むほうがよいと主張し，その原資を税金の配分でなく寄付金で賄うほうが機動性があると言ってきたが，かわさき市民しきんの活動はこれにつながる可能性がある。SDGs が浸透し，社会課題解決の担い手をソーシャルビジネスに求めることが世の中に定着し，彼らが行政を頼らずに必要資金を調達できる社会となることを期待する。川崎にはそのようなプレイヤーの萌芽が見られる。

こうした多様性を包摂することがアジア諸国では求められている。多極化するアジアの中で先鞭をつけることができれば評価されることは間違いない。日本のプレゼンス向上にも資するであろう。産業構造の転換点を好機ととらえる姿勢が求められる。

4．補論　既存産業内の新しい息吹

社研調査で訪問した先ではないが，一般社団法人川崎中原工場協会で興味深い動きがあるのであわせて紹介する。今の時代に合わせた動きに女性労働力の活用があるが，同協会では，障がい者雇用推進を事業とするダンウェイ株式会社の高橋陽子社長（50歳）を委員長として，地域女性活躍・障がい者等雇用推進委員会を立ち上げている。同協会の成り立ちは拙著遠山［2024］に詳しいが，もともと市役所の産業政策を中原区を中心に所在する中小製造業に周知徹底を図るために設立された。このため，会員は中小企業であり，会員になるか否かの判断は代表者が行う。先に見たように中小製造業が会員の中心であるため，代表者には同族の長が就任することが多い。したがって，こういった分科会に参加するのは同族とされている。しかし，女性活躍の対象は一般社員であり，同族でないことが多い。そこで，この会は，一般社員である株式会社叶屋の小松律子氏（51歳）と株式会社コーケンの松田恵美子氏（51歳）がメンバーとして選出されている。

松田氏は女性が男性の補助的な役まわりを担うとの意識が強い時代に生まれたこともあり，大学に進学せずに，専門学校に進学して手に職をつける道

を選択したという。松田・小松両氏ともに会に参加するだけで気苦労がたえ
ないようである。

　そもそも「女性活躍」という言葉は男性中心の社会が生んだ結果のように
思える。ジェンダー平等[7]というが，本来男性と女性は明らかに違う点があ
る。男性は妊娠できない。すなわち母親になれない。生まれてくる子供は母
親を慕うのが常である。日本語で平等と訳している単語は，英語でいうとイ
コールである。生まれてくる子どもは母親を慕う例は男性の育児休業の重要
性を否定するものではなく，違う点は違う，でも男性と女性とで本質的に違
いはないと認めあうことが重要ではないか。

　株式会社叶屋の代表者は女性だが，同族でない小松氏に会の運営を全面的
に任せている。松田氏も同様である。「女性活躍」という言葉がたんなる一
時的な流行語で終わらないように，侃々諤々の議論が行われており，川崎と
いう地方都市で女性が活躍する社会が真に生まれることを期待する。

〔注〕
1 ）2023年9月16日の日経新聞朝刊（一面）に「水素製鉄の開発支援倍増　経産省4500
　　億円，実用化5年前倒し」という記事が載った。水素輸入につながる話であるが，上述
　　の川崎市・横浜市の意向に沿うものでないかもしれない。
2 ）エネルギー総合工学研究所［2023］第6章，に詳しい。
3 ）https://www.city.kobe.lg.jp/a36643/energy/kobekannsai.html に YouTube を使っ
　　て詳しく紹介されている。
4 ）水素関連技術は日本が世界の先端を走っているといわれる（日経ビジネス［2003］参
　　照）。
5 ）遠山［2012］を参照のこと。
6 ）ともに中原工場協会の会員企業で，中原工場協会では地域女性活躍・障がい者雇用等
　　推進委員会を開き彼らの活動を支援している。川崎市は「かわさき☆えるぼし」認証制
　　度（女性活躍）で支援している。
7 ）外務省の“イコール”の訳が「平等」となっているので一般的に「平等」と訳されて
　　いるが，英語を日本語に訳す場合，うまくニュアンスが伝わらないことがある（例：ミッ
　　ションの訳：企業理念？）。

〔参考文献〕

一般財団法人エネルギー総合工学研究所［2021］『未来エコ実践テクノロジー　図解でわかるカーボンニュートラル』技術評論社。

日経ビジネス［2023］「水素ビジネス点火　みんなを巻き込む」No. 2205，2023年8月28日号

遠山浩［2012］「地域の障害者就業支援と中小企業・基礎自治体への期待」財団法人川崎市産業振興財団新産業政策研究所『新産業政策研究かわさき』第10号，pp. 150-157。

――［2024］『中堅・中小企業のイノベーション創出と産業集積地の将来―SDGs・カーボンニュートラルをふまえた検討―』専修大学出版局。

後藤健太［2019］『アジア経済とは何か』中公新書。

第3章
川崎市における電機産業の形成・発展と その斜陽化

宮嵜 晃臣

1. 問題の所在

　本章の課題は川崎市における電機産業の形成・発展と斜陽化の経緯をたどり，形成・発展と斜陽化の各々の諸要因を剔出し，その歴史的規定性を明らかにすることにある。

　図3-1，図3-2 [1]で，川崎市電機産業の製造品出荷額等の推移を他の産業と比較してみると，1958年から1973年までと，1985年から1998年までの間，産業中分類で化学工業，石油・石炭製品製造業，鉄鋼業の出荷額等をおさえて，電機産業[2]は首位の座にあった。電機産業の出荷額等がピークだった1987年の1兆7017億円が市全体の製造品出荷額等に占める割合は30.1％であった[3]。1958年から1973年，1985年から1998年までの間はほぼ高度経済成長期と安定成長期にあたるが，その後の長期停滞期には，日本全体にもいえることであるが，この川崎市においても電機産業は大きく後退する。図3-2の直近の2019年の電機の出荷額等は2629億円で，ピーク時の15％の水準にとどまっている。図3-1，図3-2は川崎市電機産業の発展と斜陽化とのコントラストを明示しているのである。

　川崎市電機産業の形成・発展では，東芝が幸区・川崎区・高津区において柳町工場，小向工場，堀川町工場，トランジスタ工場（以上，幸区），玉川工場（高津区），浜川崎工場（川崎区）において操業し，中原区においては

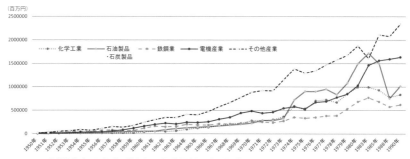

図3-1　川崎市主要産業別製造品出荷額等の推移（1950～1990年，従業者1～3人の事業所を含む全事業者，100万円）

資料：工業統計調査結果，経済センサス各年より作成。

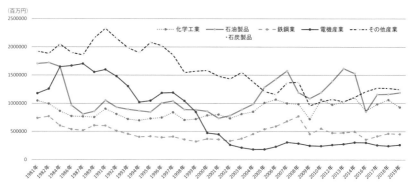

図3-2　川崎市主要産業別製造品出荷額等の推移（1981～2019年，従業者4人以上の事業所，100万円）

資料：工業統計調査結果，経済センサス各年より作成。

日本電気（NEC）が玉川事業場，富士通が川崎工場において操業していたことが大きく貢献していた。またこれら大手の主力工場の下に広範な電機裾野産業が，当該諸区のみならず広く形成され，こうした電機産業集積の形成も相まって，川崎区臨海部の素材型の装置産業に伍して電機産業が市内陸部において発展していったのである。素材型の装置産業と異なって，電機産業は加工・組立産業であることから雇用吸収力も大きく，市全体の雇用安定，ひいては経済安定にも大きく寄与していたといえよう。このことは図3-3，

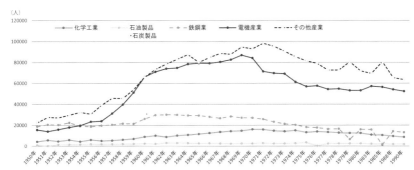

図3-3　川崎市主要産業別従業者数の推移（1950〜1990年，従業者1〜3人の事業所を含む全事業所）

資料：工業統計調査結果，経済センサス各年より作成。

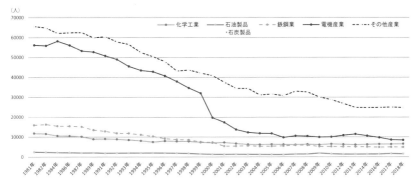

図3-4　川崎市主要産業別従業者数の推移（1981〜2019年,従業者4人以上の事業所）

資料：工業統計調査結果，経済センサス各年より作成。

図3-4に顕著に示されている。川崎市電機産業といえども一朝一夕に形成されたわけではなく，高度経済成長期での発展の礎はすでに戦前・戦中に形成されていた。

2．川崎市電機産業の形成・発展

　川崎市電機産業集積を構成産業要素として分類すると，川崎区を中心に

「発電用・送電用・配電用・産業用電気機械器具製造業」いわゆる重電機,幸区を中心に「民生用電気機械器具製造業」,中原区を中心に「情報通信機械器具製造業」が,そして市内陸部を中心に広く「電子部品・デバイス・電子回路製造業」が形成され発展していった。その過程を簡単に跡づけていきたい。

2.1　戦前・戦中期における電機産業の形成

　重電機から見ておくと,川崎市が誕生する1年前の1923年に,古河電気工業とジーメンス社との合弁によって,富士電機が橘樹郡田島村(現在の川崎区)に設立され,配電盤,電動機,変圧器,発電機の製造を手掛けた(川崎市[1997],11頁)。また東芝の一方の前身である芝浦製作所が1940年から川崎市の京町工場で「鶴見工場の配電盤・制御装置・計器継電器部門を移して生産を開始した」(東京芝浦電気社史編纂室[1963],120頁)。東芝のもう一方の前身である東京電気株式会社ではさらに早く1907年に橘樹郡御幸村(現在の幸区)に「一大電気器具製造工場」(同,18頁)を建設し,「マツダランプ」等の電球,炭素線,電灯器具を製造していた。

　富士電機では1935年に電話部所管業務を分離させ富士通信機製造株式会社を設立するも,創立来逓信省その他からの大量の受注が相次ぎ,加えて間借りしていた富士電機川崎工場での「錆の発生」問題もあり,新工場を川崎市中原に1938年に竣工した。また日本電気株式会社も1936年に玉川向工場を竣工し,同社の通信機器製造の拠点をなした。日本は1931年柳条湖事件に止まらず,1937年7月には盧溝橋事件を起こし全面戦争に拡大させ,9月に戦時統制3法が,38年4月には国家総動員法が公布され,内陸部に形成された電機産業地帯にも軍需色が強く帯びるようになり,川崎市[1997]では各社に沿ってこうした点を次のように記録している。

　「昭和十八年政府の軍需生産の重点が航空機へ移ると,東芝の生産もその方向へ集中した。航空機増産に必要な各種電気機械類,特殊合金のほか,航空機の耳目となる電波兵器・無線機・真空管等が生産の中心を占めた。昭和

十九年一月軍需会社に指定され，東芝各工場は指定工場とな」り，全従業員は「現員徴用を受け……戦時服務律が適用された」(125頁) [4]。

　富士電機は「軍管理工場になり，さらに軍需会社に指定され，民需品にかわって直接の軍需品……探照灯や潜水艦用主電動機，そのほか兵器類の製作に力を入れた」(同，126頁)。

　富士通信機製造では，「軍用通信機器の増産に努め，新設の川崎工場のみでは手狭となり，長野県の繊維企業工場を転用し，『須坂工場』として昭和十七年四月から操業を始めた」(同前) [5]。また，「戦時らしい製品として海軍技術研究所の指導を受け，計算機の一種である暗号解読用換字式計算装置を完成し，日米情報戦に貢献した」(同前) とある。日本においても暗号解読用に計算機がつくられ，その主体が富士通信機製造であったことは戦後の同社の計算機開発に及ぼした影響も想像されるところである。

　日本電気玉川向製造所では，戦線が「中国から太平洋に及ぶ広大な地域にわたり，地上戦から海上・空中に移ったが，そのような戦争に即応する兵器の主力もまた陸上戦から，航空機・航空機用兵器・航空母艦に変わり，無線通信機・電波探知機・方向探知機などの電波兵器や，水中兵器として水中聴音機・測深機などの音響兵器が第一線の兵器として重視され……昭和十七年一月から敗戦までの四年間に，搬送機器・無線機器・電波探知機・水中聴音機・電気部品まで四億八一三四万円を生産し，そのうちの八〇㌫を軍用に供し」(同，127頁) とある [6]。

2.2　戦後川崎電機産業発展の推進企業

　戦前から，東京芝浦電気，日本電気，富士電機，富士通信機製造が工場立地，稼働していたことから，戦後川崎市の工業も電機産業を軸に発展したことは当然のことと認められる。しかし首位の座は1974年に初めて石油製品・石炭製品製造業に明け渡すことになる。「臨海部の広大な埋立地に，昭和34，35年頃から建設が始まった」石油コンビナート内の川崎市の石油化学工業の敷地面積は「昭和32年から昭和39年までの間だけでも，化学が105

万m²から2.7倍の275万m²へ，石油は72万m²から約3倍の225万m²へと
拡大しており」(川崎市総体部総務課統計課 [1985]，「統計散歩」) その生
産力化の実績が顕著に1974年以降に示されるようになった。ところが，戦
後の推移を従業者数でみると，図3-3，図3-4で電機産業の大きな比率が
瞭然で，1999年まで同産業は市内の製造従業者数の30%台を占め続けてい
た。1969年は電機産業の従業者数はピークの8万6911人，製造従業者数の
38.5%を占めていた。1999年には3万2008人に37%の水準に減少するも，
市内従業者数の35.4%を占めていた。図3-2から電機産業の出荷額等の
ピークは1987年の1兆7017億円である。図3-5は電機産業の区別出荷額
等の推移である。1987年の出荷額等をみると，中原区が圧倒し，高津区，
幸区と続いている。同年の中原区の従業者1000人以上の事業所は3事業所
で，その従業者数は中原区従業者総数3万8580人のうちの2万2428人を占
めている。この3事業所のなかに富士通川崎工場ならびに日本電気玉川事業
場が含まれていることは間違いないであろう。同年幸区の従業者1000人以

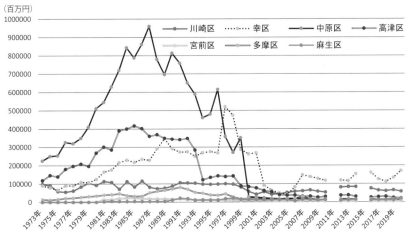

図3-5 川崎市電機産業の区別製造品出荷額等（100万円）

資料：工業統計調査結果，経済センサス各年より作成。
注：空白部分はデータ欠落のため。

上の事業所は 4 事業所で，その従業者数は幸区従業者総数 1 万9158人のうちの 1 万571人を占めている。この 4 事業所のなかに東芝の事業所が含まれていることも間違いないであろう。1990年代まで川崎市において製造品出荷額等でも電機産業は基軸産業の位置を占め，その重要性は雇用の安定の面でさらに際立つ分野であったといえる。それも戦前からその礎が築かれ，戦後の展開は戦前の構造からの脱皮を実現する次元でその発展が実現されたのである。その具体的過程を電機産業集積の中核を担った東芝，富士通，NEC（日本電気）に即して跡づけていきたい。

（1）川崎市における東芝事業所の事業活動

　東芝への過程を遡って確認すると，1984年に東京芝浦電気株式会社から社名を株式会社東芝と改め，東京芝浦電気株式会社は戦前の1939年に東京電気株式会社と株式会社芝浦製作所が合併して設立された。東京電気は1896年に設立された東京白熱電燈球製造株式会社（そのもとは1890年に設立した合資会社白熱社）が1899年に改称したもので，もう一方の芝浦製作所の起源は1875年に田中久重が製作した電信機で，82年に二代久重が田中製造所を設立した。この田中製造所は83年に三井銀行によって芝浦製作所と改称される。三井銀行は慶應義塾の卒業生で佐賀県議会議員から入行した抵当係長の藤山雷太を主任として送り出し（竹内［1986］，105頁，当時の選挙区伊万里は，しかしながら長崎県），翌84年に三井銀行内に工業部をつくり，芝浦製作所をここに所属させ，藤山を初代支配人に任じた（以上，東京芝浦電気社史編纂室［1963］，945〜947頁）。東京電気も三井銀行の系列下にあり，1939年の合併が実現され，創業時の主力製品が電子管と電信機であったことから，ここでの創業技術が随時派生発展していくものとなる。

　戦時については先に簡単に触れているが，川崎市における工場については京町工場（配電盤，制御装置，計器，継電器）は消失，川崎本工場（特殊電球，真空管部品，計測機器，酸素，水素，アルゴンガスその他の化学製品，各種無線機器，受信管）は戦後堀川町工場に，大宮工場（指示計器，航空計

表3-1　川崎市における東芝各事業所の製造品目ならびに研究開発対象の推移

堀川町工場 (幸区)	
1961年	一般電球，特殊電球，蛍光灯，受信管，送信管，マイクロ波管，ブラウン管，放電管，X線管，撮像管，その他の電子管，硝子球，硝子管，その他の部品材料の製造
1971年	特殊電球，蛍光灯，水銀ランプ，ナトリウムランプ，その他放電灯，受信管，送信管，マイクロ波管，ブラウン管，放電管，X線管，撮像管，硝子球，硝子管，その他の部品材料の製造
1981年	送信管，マイクロ波管，X線管，撮像管，その他電子管，半導体整流器の製造
1991年	マグネトロン用部品，感熱ヘッド，電子応用装置等の製造

トランジスタ工場 (幸区小向東芝町)	
1961年	トランジスタ，ダイオード，整流体，その他半導体の製造
1971年	トランジスタ，ダイオード，整流体，集積回路，その他半導体の製造
1981年	整流素子，半導体集積回路等の製造

多摩川工場 (トランジスタ工場の改称)	
1991年	整流素子，バイポーラIC，MOSロジック，メモリ，マイクロコンピュータ等の製造

柳町工場 (幸区)	
1961年	積算電力計，電気冷蔵庫，ルームクーラー，カークーラー，その他特殊冷凍機器，ラジオ，補聴器，特殊器具，特殊金属材料，磁性材料，真空管部品，電熱機器の製造
1971年	電力量計及びその他計器器具，電子式卓上計算機及びその他事務機器，自動化機器，特殊器具，特殊金属材料，その他の部品材料の製造
1981年	電子複写機，銀行端末機器，郵便物自動処理機，自動出改札装置，その他の電子機器，電力量計，冷凍機用圧縮機，特殊金属材料，磁性材料等の製造
1991年	画像情報ファイル装置，複写機，郵便物自動処理機，金融自由化機器，駅務自働化機器，電力量計，自動検針システム，冷凍機用圧縮機等の製造

玉川工場 (高津区久本)	
1961年	レントゲン装置，放射線同位元素応用機器計測器の製造
1971年	オートメーション機器，放射線計測機，化学機器，粒子加速装置，医療用放射線装置，産業用放射線装置，医用電子機器の製造

小向工場 (幸区)	
1961年	テレビジョン受像機，ラジオ，テレビジョン放送機器，各種無線通信機器，磁気録画装置，磁気録音装置，拡声器，測定器，電子計算機，その他電子管応用装置の製造

1971年	**小向工場** 無線通信装置, 航法用無線装置, レーダー装置, ラジオ放送装置, FM放送装置, テレビ放送装置, 模写伝送装置及びその他電子応用装置, 電子応用測定器, データ伝送装置, その他部品材料の製造 **小向テレビ工場** テレビ受像機の製造
1981年	**小向工場** 無線通信装置, 宇宙開発機器, ラジオ放送装置, FM放送装置, テレビ放送装置, 電子応用装置等の製造 **小向ビデオ工場** ビデオテープレコーダの製造
1991年	ラジオ放送装置, テレビ放送装置, 無線通信機器, 航法用無線装置, レーダー装置, 航空用電子機器, 宇宙開発機器, 舶用電子機器, マイクロ波部品等の製造

マツダ研究所（堀川町）**→中央研究所**（小向）**→総合研究所**（小向, 柳町）

1961年	照明, 金属, 化学材料, 電子管, 半導体放射線, 誘導飛体, その他弱電機器の研究ならびに開発
1971年	**総合研究所（小向）** 金属・化学材料・半導体・電子管などの電子部品, 通信機・電子計算機・電子応用機器などの電子機器, 原子力機器及びに弱電及び強電機器等の研究開発 **生産技術研究所（柳町）** 精密機器, 精密加工法及び生産工程の自動化, 機械化に関する研究, 開発, 試作, 応用, 試験
1981年	**総合研究所（小向）** 金属・化学等の材料, 半導体等の電子部品, 通信機・電子計算機・電子応用機器等の電子機器及びシステム, 原子力機器, 弱電機器ならびに家電機器等の研究, 開発 **生産技術研究所（小向）** 生産技術に関する研究, 開発, 試作, 測定及び他部門への指導, 援助, 推進
1991年	金属・化学等の材料, 半導体等の電子デバイス, 情報・通信・画像機器及びシステム, 原子力機器, 重電機器等に研究, 開発

半導体システム技術センター（堀川町）

1986年	システムLSI等エレクトロニクス部品の開発・設計
1991年	システムLSI等エレクトロニクス部品の開発・設計

浜川崎工場（川崎区）

1971年	遮断器　避雷器　断路器の製造
1981年	変圧器, 負荷時タップ切換装置, 計器用変成器, リアクトル, 密閉形縮小開閉装置, 遮断器, 避雷器等の製造
1991年	変圧器, 負荷時タップ切換装置, 計器用変成器, リアクトル, 密閉形縮小開閉装置, 遮断器, 避雷器, 送変電機器自動監視装置等の製造

資料：株式会社東芝『有価証券報告書』各年版より作成。

器，真空管部品，光学兵器，各種無線機器，送信管，機器測定器，模写伝送
装置）は戦後柳町工場に，富士見工場（硝子部品，硝子，真空管部品，通信
機器部品，水面計）は戦後東芝電気硝子(株)に，塚越工場（蛍光体部品，非
金属熱体）は廃止，小向工場（各種無線機器，有線機器，通信用計測機器，
器材製品，統計機）は戦後もそのまま操業され（同，115〜117頁），さらに
戦後新たに1959年に玉川工場（溝口）を設け，主に計測器を，また浜川崎
工場を62年に稼働させ，大容量空気遮断器，避雷器，断路器を製造した（同，
357〜358頁）。

　1961年から1991年にかけての川崎市内の各工場の生産品目は表3−1に，
また各工場の従業者数の推移については図3−6，ならびに図3−7に示して
おく。

　図3−7は川崎市に所在する東芝の製造・研究開発事業所における従業者
数の総計を棒グラフにとり，全国の東芝の製造・研究開発従業者数に占める
割合を折れ線グラフにとり，その推移を1961年から1999年までみたもので
ある[7]。ここから明らかのように，高度経済成長期において従業者数でみた
東芝の川崎比は61年の42.4％から73年の31.6％まで，4割から3割までを

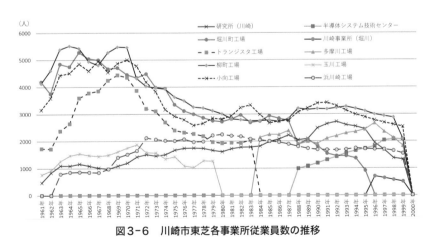

図3−6　川崎市東芝各事業所従業員数の推移

資料：株式会社東芝『有価証券報告書』各年より作成。

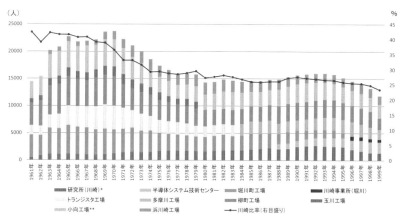

図3-7　川崎市東芝事業所従業員数の推移と社内川崎市比率

資料：株式会社東芝『有価証券報告書』各年より作成。

占め，74年以降99年まで下降するとはいえ，20％台を維持しているので，東芝の主力拠点は川崎市にあったといってよいであろう。ことに高度経済成長期は東芝の頭脳と手足の中心がこの川崎に置かれていたといえよう。第1次高度経済成長を内需で主導した白黒テレビと第2次高度経済成長を内需で主導したカラーテレビとクーラー（エアコン）について，以下川崎市を中心とする東芝の事業展開を見ていきたい。

　東芝は創業技術が2方面で電子管，電信機に関わるところから始まっているので，この流れから1924年にすでにブラウン管の試作，テレビジョン方式の研究も1928年に開始していたが[8]，テレビの国産第1号は高柳健次郎の教え子の笹尾三郎が中心となって早川電機から1953年に生産出荷された。それはRCAから特許を得て生産されたもので[9]，しかしながら早川電機はシャープになってもブラウン管は社外調達していた。白黒テレビに関して東芝は早川電機に比べて若干出遅れるものの，ブラウン管の内製体制も含め，生産・販売の体制を整えていた。1952年に「管球技術部にブラウン管技術課，堀川町工場にブラウン管課，……通信機販売部にテレビ開発課，小向工場にテレビジョン課を設置し」，翌53年に「堀川町工場にブラウン管の大量

生産設備を完成するとともに小向工場にテレビの大量組立設備を完了し」（東京芝浦電気社史編纂室［1963］，331頁），量産に備えていたのである。1956年には早くも14型の「14ET形は1機種で，当時の日本最大の生産量を記録した」（同，517頁）。続けて1959年には高圧整流管の他は全てトランジスタ化した，日本初のトランジスタ式テレビを開発した。ここにはダイオードを含め32石全て東芝製の純国産トランジスタが使用され[10]，翌60年には高圧整流用のシリコン整流器を開発し，ブラウン管以外を全て半導体化した国産初のオールトランジスタテレビを開発した。

　カラーテレビ受像機については「1957年5月にNHK技術研究所を中心に国内の受像管メーカーと部品材料メーカーが集まって『カラー受像管試作委員会』が発足し，……マツダ研究所ではカラー受像管の研究が行われ，17型の開発・商品化は管球事業部が担当し，……1959年2月18日には，試作委員会で製作された純国産部品を使用した17型カラー受像管430AB22を完成させ，国産第1号として公開発表した」（東芝「1号機ものがたり　製品詳細」，「日本初のカラーテレビ受像機」）。その量産は「東芝小向工場に設置された専門工場」で行われた（東京芝浦電気社史編纂室［1963］，519頁）。

　さらに1971年には，一挙に11個のICを採用した世界初の大幅IC化カラーテレビ20C60を完成させた。この段階で「IC化した回路はチューナー，出力部，電源部，水平発振および増幅，映像増幅の一部を除いた部分で」あったので，事実上調整の自動化された部分は「音声回路用や色信号復調回路用IC」のもつ役割が大きかったと考えられる（以上東芝「1号機ものがたり　製品詳細」，「世界初の大幅IC化カラーテレビ」）。

　ブラウン管テレビでは受像管調整として3つのアナログ式の調整（コンバージェンス調整，色純度調整，白バランス調整）が必要であった。シャドウマスク型カラーテレビ受像管の基本要素は赤，青，緑の電子銃とシャドウマスクと蛍光面から構成されている。カラー画像を完全に再生するためには各色発光色が混色なく，完全なる色調で発光すること，また三色像が互いにずれることなく一致することが必要である。

　そこでまず，各々コンバージェンス調整が必要となる。一応，蛍光画上で合致されるようにつくられている赤，青，緑の電子銃から発せられた各電子ビームは電子銃の組立精度上の誤差や外部磁界の影響などにより，実際のブラウン管では必ずしも一点に一致しない。これを一点に合わせるための調整手段が必要となり，コンバージェンス・ヨークがネック管外につけられ，コンバージェンスコイルで適当な直流磁界，交流磁界で電子ビームを移動させ，ラスタのどの部分でも常に３つの電子ビームが集中するように，「静コンバージェンス」「動コンバージェンス」「垂直コンバージェンス」「水平コンバージェンス」の調整を行わなければならない。

　また，受像管のシャドウマスクや周辺のシャーシ，メタルキャビネットが磁界されると色純度が悪くなるため，消磁コイル，消磁回路等によって消磁する色純度調整も必要となる。

　さらに受像管の３つの電子銃の特性には製造上のバラツキがあり，蛍光体の発光効率のバラツキ，塗付される量のバラツキにより白色画面を得るための各色の電流比は受像管個々によって若干異なってくるので，電極の電圧や各色の入力信号の配分を調整して，白黒画面の明るい部分から暗い部分まで無彩色とする白バランス調整が必要となる[11]。各種の職人技の調整だけでなく，注記の準備工程の上でカラーテレビが作られていたので，カラーテレビの生産は日本の総合電機メーカーの独壇場となっていた。東芝でもこの調整にさまざまな工夫が凝らされていた[12]。

　小向テレビ工場での生産は1974年には白黒テレビ受像機となり，77年にはビデオテープレコーダー，テレビ受像機用部品の生産となり，カラーテレビ並びに同ブラウン管の主力工場は完全に深谷工場となった。その深谷工場のカラーテレビの生産も2003年までとなる[13]。

　しかしながら小向工場は2008年に再開され従業者が1055人，2009年以降も順次1468人，1527人，1568人，1510人，5827人，5897人，5670人，5904人，最後の2017年に5327人の従業者をもって操業していた[14]。

　エアコンについては1961年４月に発売された「CLU-7I」（室内機）と

「CLU-7H」(室外機)のスプリット型ルームエアコンが日本初のものとなり，これは1959年から柳町工場で開発され，その初ロットは同工場で生産された。また1973年の石油危機以降省エネの機運が高まる中，エアコンについてもインバーター方式が模索されるようになり，東芝では世界で初めて業務用インバーターエアコンを1980年12月に発売した。この業務用インバーター技術を家庭用インバーターエアコンに応用すべく，開発が1981年から開始され，その決め手となったジャイアントトランジスタ（圧縮機とインバーターを結ぶ回路を制御する半導体デバイス）の開発は半導体事業部との共同で行い，同年9月に世界初の家庭用インバーターエアコンが完成された（東芝「1号機ものがたり　製品詳細」）。

　図3-1で確認できるように，高度経済成長期の川崎市の産業を牽引したのは電機産業であり，柳町工場でのトランジスタラジオの量産，堀川町工場でのブラウン管の増産，小向工場でのテレビ，テープレコーダーの量産ならびにトランジスタ工場での半導体の生産が大きく貢献したといえよう[15]。

（2）富士通におけるコンピュータの開発・生産

　富士通信機製造（富士通）は戦時下で創設された時から逓信省への電話機納入と，総動員体制下において軍用通信機の生産ならびに航空機用リレー等の部品の生産も加わった。戦後，電話機については1945年12月に当時の逓信院[16]により，富士通信機製造独自の「富士形電話機が正式採用され電話機製造業者に指定される」（富士通株式会社［1986］，26頁）。ところが，戦後占領下において，逓信院を通じて厚木基地に納入していた富士形電話機が1947年秋に次々に障害が生じ，占領軍から製造停止が命じられる一大事が生じた。「原因はダイヤルの動作不良」（柏原［1992］，24頁）で，さらにドッジラインに基づいて1949年に実施された超均衡予算により，「電話増設計画も」大きく削減され，「昭和23年の14万台が，24年度には6万7000台に」（同，26頁）半減され，富士通信機製造はその煽りを喰って，「上田工場を閉鎖するとともに，従業員約1500人を削減せざるを得なかった。全従業員

の実に36％が解雇されたのである」（同前）。

　当時取締役・技術部長だった尾身半左右は「富士通が電話事業に大きく依存する限り，これは宿命的なものであるとも考え」（同前），早急に新規事業分野への展開がはかられた。組織的には技術部の下に技術開発課が発足し，ダイヤルの数値解析を行った池田敏雄らもここに加わり，1952年に施行された産業合理化促進法に基づく助成金30万円で「MITが編纂した第2次大戦中の軍用技術全集を購入，30冊にものぼる全集を皆で読み進み」，池田は「そこにあった真空管式コンピュータの記事に強い関心を持った」（同，27頁）という。同社では当面，真空管の代わりにリレー（継電器）を使うコンピュータの開発に進んでいくことになるが，リレーはすでに電話交換機ならびに戦時下の航空機用で知識，技術を蓄積しており，この計画の下で交換機課でも寿命が長く，動作時間の早いリレーの開発に着手し（同，60頁），リレー式計算機の開発は1953年5月に開始され，リレー式の計算機FA-COM100[17]は1954年10月30日に稼働した。そしてメモリ機能の一部を計算機本体の内部に組み入れられるよう交換機課に記憶装置を計算機専用に改良するよう依頼し，1956年5月にFACOM128Aが完成した（同，79頁）。

　こうした電気計算機の開発とその成功は富士通信機製造に新しい分野を作り出す機運を醸成した。電気計算機の開発は社内においても緒に就いたばかりで，富士通信機製造の主力分野は通信機にあり，電電公社も「電話自動化のための全国ダイヤル化を急ピッチで進めていた時期で，交換機などは公社の発注に応じきれないほどであった」（同，119頁）。当時，膨大な研究開発費を計算機に回すには通信機部門からの軋轢も無視しえぬものであったことが想像される。このようななかで1959年11月に岡田完二郎が社長に就任し[18]，彼は「コンピュータ事業と通信機を同社の二大事業部門として位置づけ，昭和36（1961）年から機構改革を行い，通信工業部と電子工業部の二工業部制を発足させた」（川崎市［1997］，319〜320頁）。

　富士通のコンピュータ事業に池田敏雄が欠かせなかったように，半導体事業に欠かせなかったのが安福眞民で，岡田によって退職慰留された安福は以

前に「木造の……貧弱な研究施設にもかかわらず，1954年にはゲルマニウム・ダイオードの量産を開始し，……1957年には，高周波トランジスタの製造にもとりかか（り），……さらに1960年には安福の構想によるトランジスタ工場が完成。その施設を使ってシリコントランジスタの開発にも成功した」（柏原［1992］，131頁）。こうして富士通信機製造でも各種半導体デバイスの開発・量産体制の緒に就くことができ，電気計算機をコンピュータに発展させるもう一方の技術基盤が形成されたのである[19]。

　計算機で考えれば，機械式から電気式に進化する結節点に真空管式，リレー式がその役割を担った。ブラウン管が姿を消し，今や電灯電球以外に真空管はオーディオ，音楽，通信マニアの世界のものとなっている。半導体の普及によるものである。計算機の電子式への進化も半導体の進化に基礎づけられ，計算機の枠を超え，情報を処理するコンピュータへと現在につながっている。1948年7月にベル研究所でトランジスタが発明されて以来，日本でもトランジスタを組み込んだ製品が作り出されてきたが，国産初のトランジスタ計算機は1958年9月に完成された日本電気の NEAC-2201 であり，そして富士通信機製造も同年10月に「トランジスタ式計算機 FACOM222 の開発計画をスタートし」（柏原［1992］，100頁），それは1960年10月に完成し，その「商用機である FACOM222A を1961年12月に販売した」（同，104頁）。この機種の特徴は「論理回路にはゲルマニウム・トランジスタとダイオードを使って演算の高速化を実現し」（同前），「記憶容量は，主記憶装置1万語，補助記憶装置（磁気ドラム）で最大構成10万語，そのほか外部記憶装置として磁気テープ装置（1台20万語）を10台まで接続でき」（同，110頁），汎用コンピュータへの展望を持っていたといえよう。とはいえ，この展望は IBM によって実現された。1964年4月に発表された IBM360シリーズで，世界に先駆けて初めて IC（集積回路）を搭載し，そのことによって，360度の全方位をカバーしうるコンピュータであった。これに刺激され，富士通では FACOM230-10 を1965年3月に発表し，9月に FACOM230シリーズの体系を完成し発表した。IBM360は30，40，50，60，70の機種が

あり，FACOM230も10番台は小型機，20，30番台は中型機，40番台以降は大型機とシリーズを構成していた。もちろんICを搭載し，川崎工場に翌66年8月にIC工場を竣工，操業を開始し，ICの自給体制を整えた。当初IBM360はICとトランジスタとの併用で，FACOM230シリーズで全IC化を実現するためには基板は従来の2層では無理で，4層さらには6層，8層，10層のプリント基板が漸次用意されることとなった。

　1961年11月に川崎工場内に電算機工場が竣工して以来，FACOMはここで生産されていたが，1966年3月に長野工場が操業を開始し，ここで小型コンピュータではFACOM230-10（8KBコアメモリ，65KBドラム）が1966年から76年まで，FACOM230-15（8〜32KBコアメモリ）は71年から78年まで，FACOM V（16〜32KB半導体メモリ）は77年から80年，FA-COM V-830（256KBメモリ）は79年から83年まで，V-850（512KB半導体メモリ）は81年から83年まで，V-870は82年から83年まで生産され，その後FACOM Vシリーズは館林工場に移管された。中型コンピュータでは，FACOM270-20（32KBコアメモリ）が66年から70年まで，F230-25（64KBコアメモリ）が70年から73年，F230-35，45（102KBコアメモリ）が71年から75年，F230-28，38，48（102KBコアメモリ→1024KB半導体メモリ）が73年から77年，F230-58（1024KB半導体メモリ）が75年から78年まで長野工場で製造され，それ以上にプリント板ユニット，磁気装置，プリント基板が多く製造されていた。コンピュータ生産のピークは78年の32億8700万円で，工場生産額の27.3％であった（以上，富士通株式会社長野工場[1996]，106〜115頁）。長野工場でのコンピュータの生産は83年までで，76年に「川崎工場から超大型・大型コンピュータの組み立て・試験部門を移管した」沼津工場がコンピュータの主力工場となり，「川崎工場は研究・開発工場となった」（富士通株式会社[1986]，33頁）。

　戦後，電電公社の納入業者の日本電気，沖電気，日立製作所との電電ファミリーのなかで富士通信機製造は「電電の次男」（柏原[1992]，18頁）という位置にあり，その中から電気計算機さらに発展させコンピュータ部門を

作り出し，1962年の年頭の辞で岡田社長が「富士通はコンピュータに社運を賭ける」（同，142頁）と宣言し，その方針の下で次々にコンピュータを生産・出荷していった。叙上のFACOM230シリーズの60は68年3月に完成し，「世界で最初に全IC化を実現し，これも世界初の2CPU完全対称型マルチシステム搭載。多層構造の主記憶装置など数々の新機軸をそなえ，さらに本格的なOSである『M－V』，『M－VI』によって，大規模オンライン処理とバッジ処理の同時動作を可能にし」（同，171〜172頁），国内トップのコンピュータメーカーに躍り出ることとなった。その後もFACOM230シリーズは売り上げを伸ばし，叙上のようにその生産が漸次地方展開し，各地に富士通系の産業集積を形成していったのである。地方展開はコンピュータの本体装置だけでなく，それに必要なプリント基板，積層板，磁気装置の生産もその地で展開され，また川崎工場でもコンピュータの研究開発だけでなく，その性能を決定づける半導体デバイスの研究開発も積極的に進められていった。

　たとえば，1970年に連続蒸着機によるNi-CrハイブリッドICの開発に成功し，当時としては小型のICであったため，同社のメインコンピュータの各種端末機器を接続するインタフェースIC（ドライバ／レシーバ）に採用され，コンピュータの発展に寄与したとされている。1985年には1MビットDRAMを開発・実用化した。これについては従来平面的に構成されていたDRAMセルを初めて立体構造として製品化することに成功し，これ以降，立体的セル構造が一般に使用されるようになり，DRAMの高集積化に大きく貢献したという。同社が蓄積したMOS LSIの多層構造形成技術が開発・実用化の根拠となっていたとされている。また，LSIに関しても，1994年に高速CPU用0.35μmCMOS LSI「CS60」を作り出し，これがgs8600（1995年），granpower5000（1996年）等の最新のメインフレーム／スーパーコンピュータに採用されることとなる。

　この間にゲートアレイ技術も蓄積され，1973年にバイポーラ・ゲートアレイが開発された。これは100ゲートを搭載し，84ピンのセラミックパッ

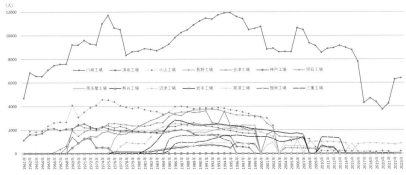

図３-８　富士通各工場従業者数の推移

資料：富士通株式会社『有価証券報告書』各年より作成。

ケージが採用され，世界最初の全 LSI 化大型コンピュータ「M-190」を実現することができたという。ここにも同社が蓄積した高密度実装技術が根拠となっていたと記されている。さらに1978年には CMOS ゲートアレイが生み出され，CMOS ASIC（Application Specific IC）の先駆的製品となった。メタル２層配線技術を適用し，2000ゲート，3900ゲート製品を皮切りに，メタル３層配線技術を適用した２万ゲート（1984年発表）までをシリーズ化することができたという[20]。

　こうして富士通川崎工場はコンピュータの主力工場からマザー工場になり，またコンピュータのみならずそれに不可欠な半導体デバイスの開発の中心として，その役割を増大させていった。このことは図３-８の従業者数の推移からも示されている。

（３）日本電気玉川事業場

　最後に「電電の長男」の位置にあった日本電気（NEC）について触れておきたい。1899年日本電気合資会社は米ウェスタン・エレクトリック社の資本参加を伴って東京・三田で設立された。昭和恐慌期の業績悪化により，1932年に住友合資会社の経営下に移った[21]。1931年の柳条湖事件以降増大した軍用通信機需要により，三田工場が手狭になり，玉川向工場が1936年

に開設される。「日本電気は……工場技術部に置かれていた無線・真空管の両製作部を玉川工場へ移し，翌年伝送・音響の両部部門も移した」。1939年には「玉川工場研究課は独立の研究所に昇格し，先端技術研究開発に大きな貢献をした」（川崎市［1997］，108頁）という。戦時期同社の動向は本章前半に簡単に触れておいたが，戦後1945年11月に社名が日本電気株式会社に復帰し，主力の通信機器のみならず，電波機器，電子機器，電子部品に事業を拡大し，電子機器事業のなかで電子計算機の開発からコンピュータの開発に事業を拡大していくものとなる。

　パラメトロン式実用電子計算機が東北大学との共同開発の下1958年3月に「NEAC-1102」として成功し，9月には国産トランジスタ式電子計算機の第1号機であるNEAC-2201が完成する。同年に玉川事業場第41工場を「トランジスタ専用工場」として完成させ，電子計算機と半導体デバイスの開発は並行して行われ，1964年10月にMOS ICの開発に着手し，65年10月にpチャンネルMOS ICを完成させ（日本電気株式会社社史編纂室［1980］，68〜70頁），68年3月には米半導体開発界で量産は不可能とされていた144ビットnチャンネルMOS型ICメモリを完成させた（https://jpn.nec.com/profile/corp/history.html）。1965年5月に日本電気は全IC化電子計算機NEAC-100，200，300，400，500を発表し，67年2月に超小型電子計算機NEAC-1240が完成した。1974年11月には新コンピュータシリーズ「ACOSシリーズ77」が発売され，直後に16ビットマイコンμCOM-16の製品化に成功し，75年7月に超LSI開発本部が設置され，翌76年3月にかの超LSI技術研究組合がNEC中央研究所（宮前区宮崎台）に置かれ，約4年間に700億円の予算が投じられ，ステッパの開発のみならず世界初の64K DRAMの開発に成功した。

　日本初の本格的なパーソナルコンピュータシステムである「PC-8001」が1982年に発売される。「キーボード付きの本体に，CRTディスプレイ，プリンタ，FDD（Floppy Disc Drive）ユニットなどを接続してシステムを構成するモジュール形式のパソコンで」，かつ「世界標準となった米国マイク

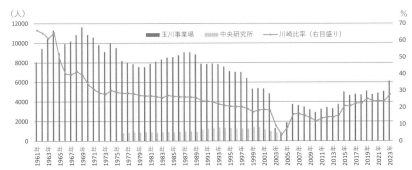

図3-9　川崎市における NEC 事業場従業者数と同社従業者総数に対する川崎市比率の推移

資料：日本電気株式会社『有価証券報告書』各年より作成。

ロソフト社のプログラミング言語 BASIC をいち早く採用し，国内における
デファクトスタンダードを構築した」（日本電子機械工業会［1998］産業技
術史各社篇　日本電気株式会社）点にその特徴がある。そして82年には「98」
あるいは「PC-98」と呼ばれるまでになった国民機のシリーズのトップバッ
ターである16ビットパソコン「PC-9801」が発売される。このパソコンに
は「露光技術として投影縮小型露光装置（ステッパ）を採用し，この後の大
容量メモリ製造技術を確立」とされるように通産省の超 LSI 技術研究組合の
支援の大きさが読み取れる。翌83年に発売された PC-9801F には JIS 第一
水準漢字 ROM が標準装備されたことも好評を博した理由であるが，1990
年に日本 IBM が DOS/V を発表し，日本語表記のハードウェアを必要とし
ない DOS/V 機が普及すると，PC-98に翳りが生じるようになった。図3-9
に示されているように，川崎市における NEC 従業者数は1990年代以降減少
し続けているのである。

（4）川崎電機産業の発展の諸要因

これまでの考察から，川崎電機産業の発展の諸要因をまとめておきたい。
その中核を担った企業が財閥系であったことをまず指摘しておかなければな

らない。

日本電気はそもそも1899年に米ウェスタン・エレクトリック社の資本参加を伴って設立された国策の通信工業会社であり，1920年に住友通信工業と資本提携し，叙上のように昭和恐慌による経営悪化により1932年には住友の経営下に置かれ，1945年11月に財閥解体の方向性の下で社名を戻したものの，住友系の白水会に属する企業である。

富士通は前述のように，1923年に古河電気工業とジーメンス社との合弁によって設立された富士電機から，1935年に電話部所管業務を分離設立された企業である。

これら2つの企業と東芝は様相を異にする。上記のように，白熱社→東京白熱電燈球製造→東京電気株式会社と，田中製造所→芝浦製作所が，三井銀行の下で合併されて東京芝浦電気株式会社が設立されたので，すでに企業母体もまた創業技術も各々確立されていた。

創業が財閥系列で行われた，また合併も財閥の下で行われたことにより，川崎の地において大規模な事業を営むことが可能となったのである[22]。

また，戦時下東芝が軍需会社，富士電機が軍管理工場に指定され，富士通も海軍技術研究所の指導を受け，日本電気も電波兵器，音響兵器を中心に出荷額の80％が軍に供給されたことは先に触れたところであるが，航空戦力の充足のため新しい技術の開発が国家主導の下でこれら企業によって急がれ，平時では実現できなかったであろう新製品，新電子部品の開発能力，製造技術の蓄積が進み，戦後の各企業の開発能力，製造能力のベースを築き，継承されていったと考えられる。富士通が開発したリレー式計算機は戦時下航空機用に蓄積されたリレーの開発，製造能力があって実現されたと考えられる。このことはリレーに限られたことでなく，戦時で蓄積された開発，製造能力は広範に戦後の民生用製品に活用されたものと考えられる。また，富士通の計算機の開発の契機となったのがMITが編纂した第二次大戦中の軍用技術全集であったことも戦中の軍事技術が戦後に応用された事例と位置づけられるであろう。

　戦後の三種の神器，電気炊飯器等の数々の白物家電，さらに 3 C のカラーテレビ，クーラーはこうした技術基盤の下で，各社の弛みない開発，シェア競争によって，さらには各現場での品質作り込み，これを可能とする企業内研修が加わり，川崎市においても電機産業は1974年から84年までを除いて，1998年まで市の製造品出荷額等で首位の座を維持しえたのである。

　また半導体の開発については，通産省によって NEC 中央研究所に置かれた超 LSI 技術研究組合の成果が大きく寄与していた。

3．川崎電機産業の斜陽化

　川崎市電機産業といえども盛者必衰の理から免れることはできなかった。川崎市においても電機産業の栄枯盛衰はグローバル化，デジタル化が大きな要素となってその反転を急速にもたらすものとなった。図 3-2 に戻って川崎市電機産業の栄枯盛衰を確認しておきたい。

　まずその製造品出荷額等については，ピークの 1 兆7017億円から2004年に1828億円にまで約 1 割の規模に激減し，以後2019年には2629億円に増大するもピークの15.5％でしかない。従業者数についてはピークの 8 万6911人から2018年には8460人と 1 割を切る激減を示している。

　区別にみると，幸区の電機産業の製造品出荷額等はピークの1997年の5206億円から2020年には1702億円と32.7％への減少，従業者数もピークの1973年の 1 万4848人から2020年には2427人に16.3％への減少を示している。さらに中原区では製造品出荷額等ではピークの1987年の9696億円から2020年には152億円へ，わずか1.6％の規模に，従業者数もピークの1973年の 2 万6342人から2020年には877人へ，わずか3.3％の規模に縮小している。

　以上の縮小はあくまでも川崎市の電機産業に即した現象で，それによって川崎市あるいは市の産業全体がそのまま縮小しているわけではない。川崎市は依然として発展を続けている。また「経済センサス」の各年版で産業中分

64

類「情報サービス業」[23)]の市内従業者数を割り出してみると，2009年が2万
9986人，12年が3万629人，16年が3万7274人と大きな規模を有している。
「事業所・企業統計」でそれ以前の同類の従業者数を割り出すと，1981年が
2293人，86年が5751人，91年が1万7826人，96年が2万1537人，99年
が2万2491人，2001年が2万6593人，04年が2万8140人，06年が2万
6835人となっており，この推移を電機産業の従業者数の推移と重ね合わす
と，図3-10のように両者の間には鋏状に逆相関が認められる。この逆相関
を想像するに，直接製造業の電機産業から情報サービス業に従業者が移動す
るケースもあるだろうし，電機産業での人員削減と情報サービス業での人員
増大が別個に生じた結果も考えられる。ここで言えることとして川崎市にお
ける電機産業で人員が減っている一方で，「情報サービス業」では人員が増
えていることである。因みに富士通のソフトウェア系事業所従業者数の推移
を図3-11に示しておく。近年 Fujitsu Uvance Kawasaki Tower に社の命
運が感じられるところである[24)]。

　しかしここで，「ペティ＝クラークの法則」のように産業構造の高度化と
して「経済のソフト化・サービス化」が川崎市において生じていると簡単に
考えてよいものだろうか。具体的には ME 化・IT 化が進展した結果，製造

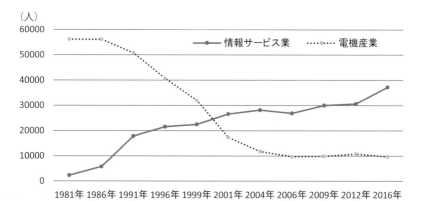

図3-10　川崎市における電機産業と情報サービス業従業者数の相関
資料：「事業所・企業統計」，「経済センサス」より作成。

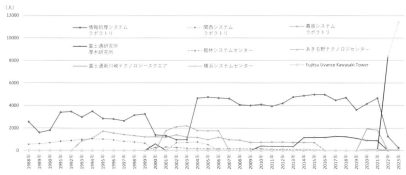

図3-11　富士通ソフトウェア系事業所従業者数の推移
資料：富士通株式会社『有価証券報告書』各年より作成。

現場の人員が減って，情報サービス業の人員が増えたと簡単に考えてよいかということである。海外的要因がこれでは看過されてしまうのである。

　日本のエレクトロニクス産業はマイクロエレクトロニクス技術革新によって確かに産業の高度化を実現した。だから製造業の人員が直ちに減少したわけではなかった。大平号声は1980年と1990年の産業連関表を用いた計量分析を通してこの間のFA化，OA化を含む情報化投資によって1870万人の雇用が削減される一方で，生産の増加で2512万人の雇用が誘発され，その結果雇用が642万人増加したことを明らかにしている（大平［1996］）。つまり，日本企業はME化を世界で初めて成功裡に実現し，その先発性利益を輸出増大を通して世界市場で確保し，生産増から雇用規模の拡大を実現した。またME化の技術的水準から，すべて自動化できたわけではない。半導体を製品に組み込んでダウンサイジングを図りつつ，製品の機能向上を実現できたが，当時ではIC，LSIによってすべて自動調整できるものではなく，製造現場従業者の作業によるアナログ上の調整の余地が大きく，この半導体を用いつつ自動化できるところは自動化し，それができないところは現場従業者の調整，現場ラインでの調整が必要で，両者に長けていたがゆえに，MEの先発性利益を確保することができたのである。すでに紹介した，東京芝浦製作所が1971年に一挙に11個のICを採用した世界初の大幅IC化カラーテ

レビ20C60は，引き続き翌年に開発されたブラックストライプ方式のブラウン管によってコンバージェンス調整が容易となり，この調整は依然として小向工場のライン現場で行われ，IC化とアナログ調整が相俟って競争力を発揮したのである。

　したがってME技術革新は産業高度化をもたらすものでありながら，直ちに製造従業者数を削減するものではなかった。では川崎市電機産業の製造従業者数が減少するのはいかなる場合か，それは川崎市からの生産移管が行われる場合である。実際に川崎市でのカラーテレビの生産は市内での労働力確保が量的にも賃金水準からも難しくなり，すでに触れたように量産拠点を埼玉県の深谷に移管した。

　富士通でも電気計算機の生産拠点を川崎工場から長野，館林，沼津に順次移管したように，量産拠点の国内地方展開が，高速道路網の整備によっても促進され，実現された。川崎市を含む首都圏から，大阪市，門真市，守口市を主とする大阪圏からの量産拠点の地方展開は，国内各地に有力な産業集積を作り出す大きな効果をもたらした。本章では図3−8で富士通の各工場の従業者数を示しているが，具体的に各工場の最大従業者数を時系列で確認しておくと，須坂工場では1971年に2523人，小山工場では74年に4546人，沼津工場では89年に2547人，明石工場では89年に2616人，館林工業では91年に1570人，長野工場では92年に3736人，岩手工場では93年に2520人，会津工場では94年に3608人，三重工場では96年に1574人を計上している。もちろんこれら各工場は各地の主力量産工場となって，その下に各層の系列，調達企業からなる産業集積を形成していったので，上記の従業者数以上の雇用創出をもたらした意義には十分留意しておかなければならない[25]。

　量産工場の地方展開には叙上の大きな意義があったものの，1990年代以降はこの展開がグローバルな広がりを見せた。1ドル＝79円を超える超円高により，電機産業に典型的に示された，これまでにみられなかった海外事業によって，産業空洞化に堰を切ったのである。1993〜1995年の第4次円高を契機に日系企業の東アジアでの事業展開は(1)主力量産品のみならず高付

加価値品の生産移管，(2)製品の逆輸入，(3)部品の海外現地・周辺調達，(4)設計・開発の現地化の本格的始動という 4 つの特徴を示し，(1)は国内からの輸出を海外移管先からの輸出に代替させ，国内の生産・雇用を縮減させる輸出代替効果をもたらす。(2)に日系企業が踏み切れば，その製品種の国内生産は諦めざるをえず，国内生産の不可逆的縮小をもたらす逆輸入効果を増大させる。他方で(3)は海外現地法人の調達部品が国内から海外現地・周辺に置き換えられることによって，国内での部品生産の縮小をもたらす。海外直接投資が国内からの海外現地法人向け部品輸出を誘発する効果は産業空洞化の一つの安全弁になっていたが，この安全弁もここで大きく棄損するものとなる。(4)は部品の現地・周辺調達が増大するごとに設計を国内部品から現調部品に置き換える改良設計の機会が増え，それは改良設計にとどまらず基本設計能力の構築への方向性を含みながら，設計開発部と製造部の海外現地での協調をつくり出すことによって，海外現地法人の質量的強化を結果としてもたらした[26]。おおよそ上記 4 点の特徴を内包した1993〜1995年の円高を契機とする日系エレクトロニクス企業の東アジアでの事業展開は日本国内の各地の主力量産拠点の生産を縮減させ，その拠点を頂点とする各地の産業集積の中堅・中小・零細企業の受注量を減じ，電機産業に特化した地域経済に大きな雇用不安をもたらすことになった。その影響は川崎でも免れることはなく，図 3 - 2 で明らかなように，川崎市電機産業の出荷額等は1995年から97年にかけて持ち直す傾向も示されたが，98年から2004年まで減少し，以降2500億円から3000億円の間で推移している。電機産業の従業者数は図 3 - 4 に示されているように，1984年以降減少を続けてきたが，2000年以降減少幅を一層広げるものとなっている。

　以下，これまで触れた企業ごとに，グローバル化，デジタル化の影響を見ておきたい。

3.1 グローバル化，デジタル化の各企業への影響

（1）富士通の「リストラクチャリング」

　富士通は2001年8月に国内外のグループ全体で1万6400人の人員削減を含む「構造改革と新たな成長戦略について」（https://pr.fujitsu.com/jp/news/2001/08/20.html）を発表した。

　2001年度に情報処理グループで800億円，通信グループで450億円，電子デバイスグループで1450億円，ソフト・サービスグループで300億円，計3000億円の特別損失を計上して，ソフト・サービスによる成長戦略，コア・テクノロジ／プロダクトへの一層の集中，グループとしての競争力強化の3点に注力し，「将来に向けた新技術，新事業展開」のための布石を打つというのである。

　具体的には情報処理グループではサーバー／ファイルの製造拠点を3工場から1工場にスリム化し，デスクトップ向けHDDから撤退し，海外生産拠点の縮小，販売拠点のスリム化を通じて海外従業者4200人，国内従業者数を300人削減する。またプリンタ事業の縮小，プリント板の国内製造工場の集約も実施する計画であった。通信グループに関しては小山／那須／沼津工場の人員再配置・スリム化を，海外人員削減，関係会社の工場再編・集約を計画していた。電子デバイスグループに関してはあきる野テクノロジセンターへ開発を集中させ，国内前工程ラインの統廃合（12ライン→9ライン）ならびに後工程会社の整理統合（7社→5社）を計画し，ソフト・サービスグループについては事業構造の転換を押し出し，インフラサービス事業の強化ならびに新事業・新分野への展開，具体的にはITコンサルティングの強化と高生産性を目指したソフト部品化の推進を目標に掲げていた。

　この計画を進めることによって，叙上のように海外1万1400名，取引先を含む国内5000名，計1万6400名の人員が削減され，その結果，異動を含めると2万1000名の人員が削減，異動の対象となると明示している。

　ところが長野工場，須坂工場に関しては，図3-8にも示されているよう

に，その1年前の2000年から，コンポーネントのフィリピンへの生産移管，ハードディスクのタイへの生産移管，プリント配線基板のベトナムへの生産移管，それに伴う人員削減，配置転換が実施されていた[27]。またこの大「リストラクチャリング」案が発表され1年を経過した時点での長野労働局のまとめによると，早期希望退職に応じた従業員は2436人であったことが判明した。応募者のおよそ内訳は長野工場が957人，須坂工場内の富士通メディアデバイスが538人，長野富士通コンポーネントが159人，富士通コンポーネント技術開発センターが22人，富士通カンタムデバイス須坂事業所が272人，子会社の長野カンタムデバイスが173人であった（信濃毎日新聞2002年9月21日）。

その後2005年3月にプラズマディスプレイモジュール事業を日立製作所に譲渡し，翌4月に液晶デバイス事業をシャープに譲渡する契約を締結し，2009年7月にハードディスク記憶媒体事業を昭和電工へ譲渡し，同年10月にはハードディスクドライブ事業を東芝へ譲渡する。2017年4月には個人向けプロバイダ事業（nifty）をノジマへ譲渡し，同年11月にカーエレクトロニクス事業をデンソーへ譲渡，翌18年3月に携帯端末事業をポラリス・キャピタル・グループへ譲渡，同年5月に個人向けパソコン事業を中国Lenovo Group Limitedへ譲渡，翌19年1月に富士通コンポーネントを独立系投資会社ロングリーチグループへ譲渡するものとなる[28]。

（2）NECの「リストラクチャリング」

NECについてはPC98の国内圧倒的シェアがDOS-V機の普及により翳りが生じたことは先に述べたところであるが，2011年1月にはレノボとの合弁会社“NECレノボ・ジャパン　グループ”の発足（同年6月）を発表した。半導体製造においても厳しい選択を余儀なくされていた。前年10年4月に三菱電機と日立製作所から分社化したルネサステクノロジ（2003年4月設立）とNEC本体から分社化したNECエレクトロニクス（2002年11月設立）との経営統合によってルネサスエレクトロニクスが誕生する。この統合にい

たった経緯を NEC 側から考えると, NEC は富士通とともに ASIC に比重を置いていた[29]。しかしながら ASIC はカスタマイズ上顧客ユーザーの設計情報が総合電機メーカーに流れることがその一因となり, なによりも次第に汎用性の高い ASSP が主流となることで先細りになっていった。この経緯については後ほど詳しく記すことにする。

ルネサスエレクトロニクスへの統合はロジック系を軸にするもので, メモリではその10年ほど早くこのような経営統合が進んでいた。かつてはメモリの対米輸出によってインテルをメモリから撤退させ, プロセッサへのシフトの要因になったが, それと同じ事態がサムスン電子をはじめとする韓国勢のシェア拡大によって, 日立製作所と NEC との経営統合を作り出した。1998年に各々のメモリ部門が統合され, 「NEC 日立メモリ」が設立され, 後にエルピーダメモリとなるものの, 2012年に会社更生法を申請し, 2013年7月にはマイクロン・テクノロジーの完全子会社として編入された。

(3) 東芝の「リストラクチャリング」

東芝については2000年に堀川町工場を閉鎖し, 翌01年には本店を東京都港区に移転し, 05年に柳町工場を閉鎖する。2006年にはウェスチングハウス社グループを買収したものの, 2016年にその巨額損失が明らかとなり, 同年末に債務超過に陥ることとなった。この事態はすでにその1年前に発覚した不正会計問題で「創業以来の危機」に直面するなかで生じたものだけに存亡の危機ともなった。2016年3月に東芝メディカルシステムズ[30]をキヤノンに6655億円で譲渡し, 同じく3月に東芝ライフスタイル（家庭電器事業）の株式80.1％を美的集団股分有限公司グループに537億円で譲渡した。次いで2017年11月には東芝映像ソリューション（TVS）の発行株式の95％をハイセンスグループに約129億円で譲渡した。

そして2018年6月には NAND 型フラッシュメモリでグローバル競争力を有する東芝メモリ株式会社の全株式を買収目的会社 Pangea に2兆3億円で譲渡し, 合計3505億円を東芝は再出資し, 普通株式の保有比率に従った約

40.2％の議決権を取得した。Pangea は東芝メモリに社名を変更した後，2019年3月に単独株式移転によりキオクシアホールディングスが設立され，キオクシア株式会社がその傘下に編入された。

　さらに2020年9月29日に東芝はシステム LSI の開発と設計をやめ，事業から撤退すると発表した。東京都内や川崎市の拠点でシステム LSI 事業に携わる従業員約2100人のうち，770人をめどに，21年2月までに希望退職や配置転換を行うという（朝日新聞2020年9月30日）。

　しかし2017年に2年連続の債務超過を回避するために6000億円の公募増資を実施し，複数のアクティビストが引受先となり，その対応に苦慮し，2022年4月に経営再建策の公募を発表し，23年3月に日本産業パートナーズが提案した買収案への賛同を発表し，9月21日発表によると，日本産業パートナーズによる TOB（株式公開買い付け）が成立し，年内にも上場を廃止し，「物言う株主」から解放されることとなった[31]。しかし，今回の TOB で日本産業パートナーズは約2兆円の買収資金のうち，1兆2000億円を銀行による融資でまかなっており，買収された東芝が銀行への返済義務を負う仕組みになっているので，先行きの見通しは明るいとはいえない。

　譲渡後の進展について最後に見ておきたい。まず，美的集団股分有限公司グループと東芝ライフスタイル株式会社との関係については，2016年3月の譲渡契約に基づいて，HP では次のように記されている。

　「最終契約に基づき，美的は対象事業を担う東芝ライフスタイル株式会社（以下，TLSC）の株式の80.1％を取得し，東芝はその19.9％の保有を維持します。対象事業は，東芝ブランド名の下，現在の社名を維持して，冷蔵庫，洗濯機，掃除機やその他の小型家電などの白物家電の開発，製造，販売を継続します。東芝と美的は，クロージング時点で対象事業に従事する TLSC グループの全従業員の雇用が継続されることにも合意しました。美的は，グローバルで40年間の東芝ブランドの使用許可を与えられます。さらに美的は，5000件以上の知的財産を引き受けるとともに，東芝の家庭電器に関係するその他の知的財産を使用する権利を得ます」と。また朝日新聞は次のよ

うに報じている。「18年12月期に黒字化し，４千億円規模の売上高の半分ほどを海外が占める。22年のエアコンの販売数は，16年比で８倍になった」（朝日新聞2023年５月31日），と。

またハイセンスとの関係については，2017年11月の東芝のリリースには「当社は，TVSが製造・販売する家庭用テレビ等の映像関連機器における当社ブランド使用権を継続して許諾します」と記されている。そしてその後の進展として，叙上の朝日新聞は次のように報じている。「東芝が2018年に中国家電大手の海信（ハイセンス）グループに売却したテレビ事業が，22年度の日本国内の販売シェアでトップに躍り出た。……22年度の薄型テレビの販売台数シェアは『TVS REGZA』（以下レグザ，旧東芝映像ソリューション）が前年度比4.8ポイント増の25.1％。シャープ，ソニーを抑え，東芝時代を含めて初の年度首位となった。（略）ハイセンスはテレビの出荷台数で世界２位。レグザが売るテレビはハイセンス製と構造部分を共通化し，同社の中国工場が生産を担う。部品の調達も『規模のメリット』で安くできる。……東芝で映像事業を担った技術者ら約200人は『頭脳』としてそのまま残っており，最新機種に使う映像処理エンジン『ZRα（ゼットアールアルファ）』の開発には，足かけ３年ほどで十数億円をかけた。人工知能（AI）が人物の顔を判断して色を補正し，ネット動画の種類を判別して最適な画質を映し出すという」（朝日新聞2023年５月31日）。

「レグザエンジンZRα」の開発責任者である山内日美生氏は1993年に東芝に入社。「レグザ」の画像処理エンジンの開発に20年以上従事（https://xtrend.nikkei.com/atcl/contents/18/00020/00018/）されているという。事業体が東芝のままでは，この画像処理エンジンは日の目を見なかったかもしれない。東芝が遺伝子として保持してきた製造業の強みは，東芝のままでは維持できなかったことがここで示されたと考えなければならないのだろうか。

3.2　日本電機産業の斜陽化の諸要因

　これまで川崎市に基盤を有しているエレクトロニクス企業3社にわたって，その斜陽化をたどってきた。最後に斜陽化の要因を考えておきたい。もちろんこの斜陽化の要因はこれら3社だけでなく，日本エレクトロニクス企業に全般的に共通する内容となっている。かつての独壇場であったテレビ産業と，1988年には50.3％の世界シェアを誇っていた半導体産業が斜陽になった経緯をたどって，その要因を考えてみたい。

（1）日本のテレビ産業の後退

　図3–12は日本のテレビ産業の長期推移を示したものである。1990年代大きく生産が減少するのはテレビ受像機の海外生産移管の影響である。2000年代の生産急上昇はフラットパネルテレビの黎明期に日本エレクトロニクス企業の圧倒的優位が示された時期で，2010年代の急降下はその優位性が一気に剥ぎ取られてしまったことの結果である。デジタル化，LSI の SoC へ

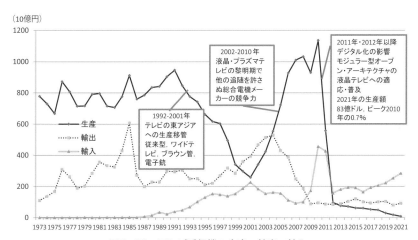

図3–12　テレビ受信機の生産・輸出・輸入

資料：経産省生産動態，財務省貿易統計より作成。
　　　一部輸入統計は JEITA 統計により補強。

の進化，モジュラー型オープンアーキテクチャの適用がその諸要因と考えられる。小川［2014］によると，「液晶テレビは，主に電源システム，液晶パネル，パネルドライバーおよび画像エンジンで構成され，……パネルに画像を表示する機能が液晶パネルドライバーの LSI チップである。また画質や色合いは画像エンジンの LSI チップが担う。……LSI チップ中の組み込みソフトに蓄積された画質ノウハウも，ソフトウェアであればいかようにも進化させることができる。匠の技をソフトウェアで表現する LSI チップを調達できれば，たとえ画質ノウハウのない新興国の企業であっても，普通の人なら満足できる画質のテレビを量産できる」ようになった。ただし，「テレビに液晶パネルが使われた初期の段階（2000年代初期）には流通する画像エンジンのソフトウェアが未熟であり，液晶パネルとドライバーや画像エンジンとのすり合わせが必要だった。この意味で2000年代の初期までであれば，ブラウン管テレビと同じように画質・色合いを競う日本企業の垂直統合型ビジネスモデルは確かに機能していた」（小川［2014］，49〜50頁引用文中の LSI チップは事実上 SoC を意味している）。図3–12でも2000年代のフラットパネルテレビの生産急増はこの小川の指摘を裏づけている。

　ところが2009年になって日本総合家電メーカーの5社東芝，ソニー，日立，三菱電機，日本ビクターがテレビの EMS への生産委託の方針を打ち出し，かつての独壇場のテレビの生産の縮小が表明された。さらに2012年になると，自社生産を続けてきたシャープ，パナソニックは史上最悪の赤字を計上することになった。3月期の連結最終損益はシャープが3900億円前後の赤字（日本経済新聞2012年4月10日），パナソニックが7721億円の赤字となり，シャープは2000人の希望・早期退職者を募集したところ，2960名が応募した。パナソニックも本社従業員7000人を半減することが報じられた（日本経済新聞2012年5月29日）。テレビは1980年代日本製品輸出の花形の一つであったし，その後の液晶テレビ，プラズマテレビは日本企業の技術の粋を集めた製品であると考えられてきた。アナログ，ME 時代にも優位を誇った垂直統合型の生産システムが，デジタル化，IT 時代ではモジュラー

型オープンアーキテクチャの後塵を拝する結果となったのである。図3-12で生産額を確認しておくと，大型テレビ，ワイドテレビの東アジアへの生産移管によって2001年には2589億円にまで減少した国内テレビ生産は2010年には1兆1362億円に跳ね上がる。このロケットのような推進力は日本総合家電メーカーの技術力と，小川のいうとおり，SoCに組み込まれたソフトウェアがまだ賢くなく，日本総合家電メーカーの擦り合わせ技術力の賞味期限内であったことが幸いしたと考えられる。ところが日本のテレビ生産は2011年に5581億円，2012年には979億円と，わずか2年の間に8.6％に激減することになり，叙上のシャープ，パナソニックの「リストラクチャリング」発表に繋がる。SoCの進化により，競合企業は韓国だけでなく，中国にもおよび，中国の液晶テレビ生産は「平板電視年（薄型テレビの年）」2005年の452万台から2010年には9200万台に20倍に急増する。画像エンジン用SoCに組み込まれるソフトウェアの向上によって，また液晶パネル自体もその性能が導入される機械装置によって決定づけられることによって，韓国，台湾だけでなく，中国においても液晶テレビにモジュラー型オープンアーキテクチャが適用され，フラットパネルテレビの黎明期に示された日本テレビ産業の国際的競争力は束の間の夢となってしまったのである。

（2）日本の半導体産業の衰微

　日本の国別半導体シェアは1988年に50.3％のシェアを有していたものが，2019年には10.0％に大幅に低下し（総務省［2022］），IC Insightsの2022年4月の報道では2021年の日本のシェアは6.0％にまで低下した。1992年に企業別ランキングでは日本企業がベスト10の6社を占めていたものの，2019年にはキオクシア1社のみで，Gartner調査では2022年にはベスト10から姿を消している。半導体市場におけるこの日本企業の衰微要因を，以下2000年前後以降の半導体進化の潮流のなかで見出していきたい。

　2000年前後以降の半導体進化の潮流を概略記すと，まずはCPUに統合されるチップ化の流れ，またCPU自体も命令系としてCISCとRISCの2系

統が生まれ，RISC系ではARM社のIPとサードパーティの組み合わせ，同時並行して発展したEDA（Electronic Design Automation）ベンダー，ファウンドリ，OSAT（Outsourced Semiconductor Assembly and Test）等との国際水平分業が顕著にみられるようになった。さらに回路でSoCを分類するとASICとASSP（後述）が併存し，日本企業がASICに重点を置く開発を進めながら，結果として，ASSPが主流となる展開を見せてきた。

　少し詳しくみると，半導体はトランジスタ以降，1958年にTIのジャック・キルビーが集積回路の基礎概念を提案，実証し，IC, LSIの基礎をつくった。「1970年代に開発されたマイクロコンピュータは，多数の単純なICを用いて作られたプロセッサと比較的遅いメモリを使って，……プロセッサは主メモリよりも高速のマイクロコードROMが制御していたため，……複雑な機能拡張のために，複合命令セット・コンピュータの開発にしのぎがけずられた。……まずCISC（Complex Instruction Set Computer）で，その後改良が重ねられて，複雑な処理でも1命令で実行できるよう多くの命令を定義し，プログラムのコード数を減らすことでメモリの節約をはかるアーキテクチャ」が成立した。そして「命令セットが複雑化するなかで，縮小命令セット・コンピュータRISC（Reduced Instruction Set Computer）が誕生した」（Furber［1999］，26頁）。インテルが1985年に32ビットマイクロプロセッサである80386（i386）を発表した。これはCISCで，1979年にケンブリッジ大学で教育用パソコンの開発で起業したAcorn社は1987年に低消費電力のRISCを開発した。このRISCを製造したVLSIテクノロジー社は，このチップをアップルのニュートンPDAに売り込み，この3社の共同出資で1990年にARM社が設立された。ARMは「IPのライセンス・ビジネス・モデル」を選択し，IPの開発に専念しているが，「実際にシリコン上でチップを作るには，様々なサードパーティとの協業が欠かせない。……半導体工場ごとにデザイン・ルールが違うため，論理設計から物理設計にするためにはIP-Coreのcharacterizationが必要である。その作業は1997年からSynopsysと共同で」行っているとのことである。Synopsys社はEDAで，またARM

社の共同作業は「2003年にソフトウェア，IC テスタ，デバッグ，開発ボードというサードパーティとのコネクテッド・コミュニティ」の設立にも至り，さらにファウンドリとの協調関係にも進んでいった（以上は西嶋［2006］，369〜372頁を参考にした）。西嶋［2006］に拠り，ARM Artisan のライブラリーIP のライセンスモデルでこの関係を見ておきたい。

　「半導体設計会社は ARM の Web サイトから Artisan のフィジカル・ライブラリをフリーダウンロードし，ファウンドリといった半導体製造会社に製造を委託する。つまり，ARM はファウンドリにフィジカルライブラリをライセンスすることで，半導体設計会社はファウンドリに頼むと，マスクはすぐできる。そのため，半導体設計会社はマイクロプロセッサの周りの設計をするだけで済むわけである。また最近では ARM 7 もフリーダウンロードになり，TSMC に生産を依頼すれば，周りの回路だけを設計することになる。最後に，半導体設計会社のチップは TSMC で生産され，出荷されたら，TSMC は ARM に費用を払う。……ARM のビジネスモデルには，サードパーティの共同がとても重要である。現在，ARM のコネクテッド・コミュニティには，320社の参加メンバーがいる。そのうち，ライセンシーは172社，残りはサードパーティである」（同，377〜378頁）[32]。

　RISC には命令セットを縮小し，消費電力を節約するという機能だけでなく，ARM 社のように IP ビジネスから EDA，さらにはファウンドリをコネクテッド・コミュニティとしながら国際水平分業を編成していく契機ともなっていると考えられる。西嶋［2006］に記されているように，2005年段階で ARM のコネクテッド・コミュニティがこのようにグローバルに形成されていたことは改めて驚異的と考えざるを得ない。2005年はまだ携帯電話段階で，初代 iPhone の発売は2007年 6 月なので，2006年から開発された ARM の Cortex が iPhone からさらには Android スマホ等スマートフォン全般に広がりを見せるにつれ，その使用規模は iPhone では Apple A シリーズに，Android スマートフォンでもそのほとんどで Cortex-A シリーズが用いられるようになる[33]。

　次にSoC化への流れを見ておくと，初期のPCは機能別の専用LSIをマザーボード上に配列していたが，1980年代に「32ビット」時代に発展すると，ボードからチップセットへと流れが移り，1990年代から2000年代前半にかけてCPU側の「ノース・ブリッジ」と周辺機器側の「サウス・ブリッジ」の組み合わせが一般的となる。2000年代中盤以降，「最終的には『ノース・ブリッジの』全機能がCPUに統合され，『1CPU&1チップセット』の2チップ構成が主流となり……さらなる省電力化や小型化が望まれる用途に向けて，『サウス・ブリッジ』のチップセット機能もCPUに統合した，完全な『SoC』が登場し」た（I/O編集部［2017］，42頁）。

　先のARM系CPUでは「半導体メーカー各社（は）このCPUコアに周辺回路（USB-I/FやLAN，メモリ，GPUなど）を組み合わせた『SoC』を設計し，製造」（同，129頁）することとなる。

　最後にASIC（Application Specific Integrated Circuit，多くはASCP Application Specific Customer ProductをASICと呼ばれている）とASSP（Application Specific Standard Product）について触れておきたい[34]。2020年の生産額ではASICが148億ドル，ASSPが898億ドルで大きく差が生じ，ASSPが主流の位置を占めているといえる。中屋［2012］によれば，「ASCPは2001年から2010年までの年平均成長率は0％で，一方，ASSPは年平均成長率が半導体の年平均成長率よりも高い10％を超える値」を示しており，2000年代にこの趨勢はかたちづくられたと考えられる。そして日本の半導体産業はこのASSPが主流となる潮流変化に適応できなかった。その理由は大きくは2点あると考えられる。

　まずは日本半導体企業がASICに拘泥していたがゆえにASSPに乗り遅れた点にある。ASICへ拘泥した，あるいは逆に囚われた理由は経緯継承性の脈絡で考えられるであろう。先に紹介したように，1970年代に富士通のCMOSゲートアレイ技術の発展がCMOS ASICに発展した。この点ではゲートアレイの発展がASICに繋がる自然の流れともいえよう[35]。NECは1997年に第2位の半導体売上を残し，うちASICでは1位であった（新藤

[2006]，9頁）という。ゲートアレイから開発が進んだ経緯に安住して日本総合家電メーカーは2000年代においても，コンシューマ製品，コンピュータ向けにも ASIC が ASSP よりも多く用いられていた。また家電製品において製品差別化によって国際競争力を有した日本総合家電メーカーがその経緯を継承し，カスタマイズされた ASIC によって高性能，高機能を実現しようとした顧客志向性が ASIC へのこだわりを持続させたとも考えられる。さらにさかのぼれば，富士通でも NEC でも先に記したように，コンピュータの開発のために半導体の開発が迫られたこともあって，コンピュータに限らず社内ユーザーの要求を満たすために半導体が開発されてきた関係が根底に根付いて，ASIC が日本国内で多く用いられた要因となったのであろう。

　かかる経緯継承性の脈絡の下で ASIC がまとわりついた根拠は総合電機メーカーの下で半導体の開発・生産が行われた点が潜んでいるであろう。しかしさかのぼって考えてみれば，このことが ME 技術革新の下で日本電機産業の黄金時代を切り拓いたのである。民生用電機製品の性能向上を実現するには製品群ごとにカスタマイズされた ASIC が必要であり，新製品の開発・設計にはその製品向けに必要な ASIC が契合した。とはいえ，製品化するには生産現場での品質作り込みがまだまだ必要な時代であり，この ME 技術と現場での品質作り込み技術が融合して，つまりデジタル技術とアナログ技術が融合して電機大国をつくりあげたといえよう。この成功体験があって，なかなか汎用性の高い ASSP に舵を切り替えることができなかった。この ME 技術革新を世界で初めて成功裡に実現した先発性利益に拘泥し，逆にまた囚われたことが日本の半導体産業が ASSP 化への潮流に乗り損ねた第2の理由である。

　しかし ASSP が潮流となるのは歴史的必然性を有していた。LSI 需要拡大からその価格低下，それによって LSI を普及させたのが電卓であったように，ASSP を普及させたのも新製品群，とりわけ情報通信機器群である。日本でもデジタル携帯電話サービスが開始されたのは1993年で，2001年に iPod が，iPhone は2007年に，iPad は2010年に発売され，また Android スマホ

も2009年に誕生する。「ARMの普及における三つの転機背景としては，
……③携帯電話の波に乗れたことがあげられる」（西嶋［2006］，380頁）
ように，携帯電話から情報通信機器の世界的普及はこれら製品群の高性能
化，小型化，低電力消費，低価格化によって実現され，これら要因，ことに
低価格化を実現するに必要だったのはASSPであった。したがって，松本・
城［2014］で指摘されているように，「特定製品向けに必要な回路だけを搭
載したASICタイプのSoCではなく，不必要な回路を含んでいるが大量生
産が可能なCSoC（ASSPタイプのSoC）が生き残ったという事実は，回路
量削減よりも大量生産の方が重要な時代に入ったことを示している」（3頁）
と考えられよう。

　そして情報通信機器の多くは中国から，2010年前後にはベトナムに，さ
らにインドに量産拠点が広がりをみせ，半導体の巨大な需要を形成してい
る[36]。先に記したRISCタイプのSoCがスマホに採用され，その設計には
ARM IPが用いられ，その設計に必要なCAD，その試験に必要なCAT等の
ツールはEDAにより提供され，またその製造にはファウンドリが担当する。
こうした国際水平分業が形成され，かつてIDM（Integrated Device Manu-
facturer）として半導体を圧倒的に供給していた面影がなくなった日本半導
体企業は，「株主価値最大化」「選択と集中」を旗頭に掲げて，採算の取れな
くなった半導体事業部を外部化し，投資を放擲した。その結果，回路線幅
40ナノの水準にとどまったまま，その多くはこうした半導体の国際水平分
業からは蚊帳の外に置かれ，その回数も数えられないほどの周回遅れとなっ
たのである。

　そしてファーウェイへの米国による危機意識丸出しの制裁処置，「台湾の
経済安全保障」の懸念からこの間俄かに半導体産業の「復興」計画が経産省
を中心に打ち出され，実行されている。経産省は財務省に折衝で「ポスト5
G情報通信システム基盤強化研究開発基金」と「特定半導体基金」，「安定供
給確保支援基金」の増設を求めていた（朝日新聞2023年10月12日）という。
また同紙11月24日付けによると，国の補助金としてラピダスに既定の3300

億円に最大6773億円の増額，キオクシアに927億円，マイクロンに2135億円，TSMC の第 1 工場に4760億円が支出されるという。また TSMC の第 2 工場に9000億円の補助金が必要だという（朝日新聞2023年10月12日）。ラピダスへは 1 兆円前後が国費で投じられ，同社へはそれだけでない。「投資額 5 兆円とされる巨大プロジェクトを率いる経産省は，技術開発の初期投資として見込まれる 2 兆円のほぼすべてを，国の補助でまかなう意向だ」（朝日新聞2023年10月12日）という。投資額の 5 兆円の内訳は「試作までに 2 兆円，20年代後半に予定する量産までに 3 兆円の計 5 兆円を必要とする」（朝日新聞2023年 5 月23日）点にあるが，量産試作後の投資額はどう捻出するのであろうか。同社へのトヨタ自動車等の民間の出資額計は73億円に過ぎず，ここも国費に頼らざるを得ないであろう。

　TSMC の第 1 工場への投資規模は木村敬・熊本県副知事によると 1 兆円（朝日新聞2023年11月23日）なので，上記のように国から4760億円が支出されるのであるから，補助金なくしてこの誘致は実現されなかったのであろう。そしてこの関係は第 2，第 3 工場にも続くものとみておかなければならない。微細加工研究所・湯之上隆所長の解説には TSMC 熊本工場の重要な特徴が示されている。TSMC によって「熊本に工場ができても，回路の原板である『マスク』の設計，製造は相変わらず台湾で行われます。その後，半導体は TSMC 熊本でつくりますが，後工程のパッケージングはまた台湾に戻る。手がける会社が日本にないためです」（朝日新聞2023年11月24日）。先に記したように IP ベンダー，EDA ベンダー，ファウンドリ，OSAT と半導体の国際水平分業が確立して久しいなか，製造は40ナノにとどまりながら，この水平分業の蚊帳の外に置かれた日本が，半導体のどの分野を担当し，その出発点からのどのような発展図が描けているのであろうか。まずは製造を担うといっても，TSMC は「回路線幅が12〜28ナノメートルの旧世代半導体を生産する」（朝日新聞2023年11月22日）にも「TSMC からの駐在員が約400人」（日本経済新聞2023年 9 月12日）が必要で，また日本で採用された125人は同紙に次のように報じられている。

　「台湾・台中市郊外に広がる『中部科学園区（サイエンスパーク）』。TSMC熊本工場の運営会社，JASM（熊本市）の第1期生として2023年4月に入社した125人が目下修業を重ねているのが，『Fab15A』と呼ばれる大工場だ。300ミリウエハーに対応する『ギガファブ』のひとつで，主に回路線幅28ナノ（ナノは10億分の1）メートルの多様な半導体を生産する。TSMCが21年，ここに開設した『新人訓練センター』ではベテランのインストラクターが半導体製造装置の構造から生産工程，ラインを動かすシステム，TSMCの企業文化までたたき込む。JASMの新入社員は半年間ほどの訓練を経て，10月からの製造装置搬入に合わせて帰国する予定だ」と。

　煙管に例えると「雁首」と「吸い口」をTSMCに抑えられ，「羅宇」もTSMCに依存しなければならない状況から，いかにして自律的な半導体産業を再興させていこうとするのか，巨額な補助金を投じながらその展望が見えてこないのが現状である。

〔注〕
1）図3-1から図3-4について補足しておきたい。川崎市の工業統計調査でも調査対象の事業所の従業者規模が調査年によって異なっている。そこで図3-1と図3-3は調査対象の事業所を従業者数1〜3人の事業者を含む全事業所で作図し，図3-2と図3-4は従業者4人以上の事業所で作図している。
2）本章で電機産業と記す場合，現在の産業中分類上の「28 電子部品・デバイス・電子回路製造業」と「29 電気機械器具製造業」と「30 情報通信機械器具製造業」の合計をさすものと理解いただきたい。
3）同年の長野県電機産業の製造品出荷額等は1兆8825億円で，川崎市だけで同規模を産出していた。長野県は電機産業に特化した経済構造を有し，同年の全製造品出荷額等に占める電機の割合は37.2%を占めていた。
4）戦時下川崎市内に存在していた東芝の工場は，重電機製造所では京町工場が皇国第2199工場，登戸工場が皇国第5234工場，溝ノ口工場が皇国第5240工場，軽電機製造所では小田栄工場が皇国第1827工場，富士見町工場が皇国第3901工場，大宮工場が皇国第2022工場，通信機製造所では柳町工場が皇国第3899工場，小向工場が皇国第2609工場，電子管製造所では川崎工場のそれが皇国第2197工場，川崎分工場が皇国第3039工場，特殊合金工具製造所では川崎工場のそれが皇国第3054工場に指定された（東京芝浦電気社史編纂室［1963］，240頁）。

5）この詳しい経緯については宮嵜［2023］に記してある。参照されたい。

6）なお「電波探知機などの研究開発を進めるため，電波障害の少ない川崎市生田に研究所の分室を設け，昭和十九年末には従業員数一二五〇人という大研究所になった」（川崎［1997］，127頁）という。その跡地が専修大学生田キャンパスである。

7）この割り出しは各年の有価証券取引書に示されている本社（本社，支社，支店の会社運営に関する一般業務に携わる）従業者数を合計従業者数より差し引いた値を分母に，川崎市に所在する東芝の製造・研究開発事業所における従業者数合計を分子に計算したものである。

8）テレビ受像機の原理は浜松高等工業学校（現静岡大学工学部）の高柳健次郎が戦前の1926年に確立した。

9）東芝もRCAとの間で受信管・トランジスタ・送信管・陰極線管・テレビ撮像管に関する技術援助契約を結び，1927年にそれが発効していた（東京芝浦電気社史編纂室［1963］，975〜976頁）。

10）同年9月にトランジスタ工場の増築工事が完成している。

11）以上のテレビ製造での各種調整に関する記述は電子機械工業会・テレビ技術委員会［1967］を参照した。

12）1972年にブラックストライプ方式のブラウン管を採用したカラーテレビが生産された。その主な特徴は画面の明るさ，およびコントラストを向上させ，色ずれの少ない映像を再現できる点にあった。背景となる技術にはネック径29.1mmのSSI方式を採用しており，低消費電力で，しかもコンバージェンス調整が容易なブラウン管設計であったという（日本電子機械工業会［1998］，株式会社東芝篇フォルダ13）。なお，東京芝浦電気社史編纂室［1963］の「技術・製品」の写真集の中には「カラーテレビの調整（小向工場）」という写真があり，そこではカーテンを閉めたラインで男性従業員がつまみを回しながらの調整作業を行っている。1972年のブラックストライプ方式のブラウン管ではこの調整がかなり容易になったと想像される。

　　なお，20年ほど前になるが，筆者の授業を聴講されていた，東芝を退職されたエンジニアの東中川恵美子氏からシャドウマスクに関して貴重なお話をうかがう機会を得たことがある。その一端を紹介しておきたい。シャドウマスク上の通過孔の位置が熱膨張等でずれないために大型のシャドウマスクには熱膨張係数の小さいインバー合金が用いられる。そして厚さ0.6mmで，29〜40インチの薄板にフォトエッチングで均一な理想形の電子線通過孔が開けられるが，その前段に薄板材の結晶をそろえる工程が必要で，インバー合金では結晶の大きさは数μmで，この結晶すべてを板の厚さ方向にも，面方向にも一つの方向に揃えておくために特殊な方法でシャドウマスク板材をつくっていたとのことであった。

13）その後，子会社のティ・ディ・ピー株式会社（TDPI）が同工場で航空機用ブラウン管の製造を継続していたが，2021年3月をもって同工場は閉鎖された（https://www.global.toshiba/jp/news/corporate/2020/09/pr3001.html）。

14）東芝デバイス＆ストレージ株式会社の小向事業所（半導体研究開発）では2018年の

1760人から2023年現在は1359人が従事し，東芝インフラシステムズ株式会社の小向事業所（電波システム）も2018年に1055人から2023年現在は1296人が従事している。

15) 図3-6で示すことができなかったが，幸区のマイクロエレクトロニクスセンターは2000年以降も3614人，順次3461人，3132人，2957人，2902人，2949人，2801人，2838人，2900人，2995人，2010年には3115人の従業者数をもって稼働していた。

16) 後に1949年に廃止され，電気通信省と郵政省が発足する。そして電気通信省は1952年に廃止され，翌日に日本電信電話公社が発足する。

17) 100位桁の1はリレー式，下2桁00は試作機を意味している。

18) 柏原［1992］によれば，岡田は戦時中「古河グループの中核である古河鉱業の社長を務めたため，敗戦後，公職追放によって，職を追われた……いわば古河グループの総帥ともいうべき地位にあった」（119頁）という。

19) 半導体パッケージ分野への進出で富士通傘下に入った新光電気工業株式会社の下で安福は1975年11月から1985年6月まで取締役を兼任していた。発端は新光電気においてメッキ技術，ならびにその量産技術の導入が急務となり，アメリカ企業との技術提携を図るべく光延社長が1961年に安福眞民半導体技術課長の渡米に同行したことにあった（新光電気工業株式会社史編纂委員会［1988］，67頁）。

20) 以上の富士通半導体デバイスに関する記述には日本電子機械工業会［1998］産業技術史各社篇　富士通株式会社を参照した。

21) 実際に1943年には住友通信工業株式会社に社名を変更している（「NECの歩み」https://jpn.nec.com/profile/corp/history.html，また川崎市［1997］，108頁を参照されたい）。

22) 1928年に完成した京浜地区埋立事業を推進した「鶴見埋立組合」の経営者浅野総一郎を支えた安田善次郎の存在を考えると，川崎産業にとって財閥の寄与は桁外れだったといえよう。この埋立地は扇町の第1区から第3区まで〈大島新田（浅野セメント），若尾新田（日本鋼管）〉第4区〈田辺新田（富士電機）〉が川崎市域に相当し，第5区（安善町），第6区（芝浦製作所），第7区（旭硝子）は横浜市域に相当した（川崎市［1997］，91～92頁）。なお安善町の名前は安田善次郎に由来しているとのことである。

23) この中分類には，受託開発ソフトウェア，組込みソフトウェア，パッケージソフトウェア，ゲームソフトウェアの作成及びその作成に関して，調査，分析，助言などを行う事業所，情報の処理，提供などのサービスを行う事業所が分類される。

24) しかしながら日本経済新聞2023年12月13日付の報道によると，「富士通は長く国内IT首位だったが，23年4～6月期からNTTデータグループに首位の座を奪われた」という。また「企業統治の機能不全も深刻だ。20年には富士通が手掛けた東京証券取引所の売買システムが終日停止したほか，23年にはマイナンバーカードを使った証明書のコンビニ交付サービスの誤交付が起きた。ITシステムやサービスの不具合が頻発するが，富士通は抜本的な対応策が打てていない」と厳しい評価が下されている。
　英国郵便局に導入された富士通の会計システム「ホライゾン」の欠陥が1999年来同

国最大規模の冤罪の原因の一つになったことの責任をとってこなかったことがこれら不具合を帰結させているとも考えられよう。

25) 須坂市，長野市における富士通系列の産業集積については拙稿宮嵜［2023］を参照されたい。

26) 詳しくは宮嵜［1995］，宮嵜［2000］，宮嵜［2014］を参照されたい。

27) 詳しくは宮嵜［2014］を参照されたい。

28) 以上のパラグラフの記述は富士通の各年『有価証券報告書』による。なお，富士通は2023年12月12日に保有する「新光電気工業」株式を2851億円で産業革新投資機構（JIC）に売却すると正式に発表した。JIC は株式の公開買い付け（TOB）も実施し，総額約7000億円で新光電気を買収する方針だと朝日新聞（2023年12月14日）は報じている。

29) 2002年に NEC は世界２位の半導体生産額を示していた。さかのぼると富士通は1994年に半導体の生産額は1859億円で，同社半導体生産の45％を ASIC が占めていた（垂井［2000］，286頁）という。

30) その主たる事業は医療用機器の開発，製造であり，具体的は X 線診断システム，CT システム，MRI システム，超音波診断システム，放射線治療装置，核医療診断システム，検体検査システム，ヘルスケア IT ソリューションなどである。

31) 11月22日に開催される臨時株主総会において議案が承認されれば，12月20日に東京証券取引所への株式上場が廃止されるという（日本経済新聞2023年10月13日）。事態はそのように推移した。

32) 半導体設計会社からファウンドリへの生産依頼の過程を概略すると，半導体設計会社は製品企画に基づいて回路方針を決定して機能回路を設計し，論理回路について機能設計された各ブロックを基本ゲート回路に位置づけ，これら一連のプロセスで ARMIP が用いられ，ファウンドリに設計のアウトプットを提示し，それに基づいてファウンドリはこのアウトプットをマスクデータに変換してフォトマスクを必要個所に基づいて作成する。以上は JEITA 半導体部会「IC の設計から完成まで［１］から［２］」（https://semicon.jeita.or.jp/icgb/pdf/icgb_4-1.pdf）を参考にした。

33) アプリケーション用 CPU の設計にはクアルコムも ARM 社の Cortex-A シリーズが用いられている。制裁前にはファーウェイも ARM 社と v8といったセットで契約を結んでいた。そしてこの v8の後継との契約は ARM 社は結ばないと表明した。

34) この両者の厳密な定義は筆者には困難で，両者は文字どおり回路系として，また設計製品として位置づけられる場合もあるようである。拙稿では JEITA（電子情報技術産業協会）に依拠して次のように考えている。

　　ASIC は広義には特定用途向けに専用機能をもつ IC，一般には狭義にユーザー固有の仕様をもつ専用 IC を指し，カスタム IC とも呼ばれ，フルカスタムとセミカスタムに分類され，後者にはゲートアレイ，スタンダードセルなどがある。

　　ASSP は「特定用途向け専用標準 IC。ASIC の一つ。半導体メーカが主体となって設

計・開発し，通信・AV・OA などの各応用商品に特化した標準 IC として，複数ユーザ
を対象として販売する IC」を指す（https://semicon.jeita.or.jp/word/docs/yougo-kai-
setsu.pdf）。

35）新藤［2006］によれば，「ASIC はもともとは技術手法分類（Standard Cell, Gate
Array など）にもとづく特定アプリケーション半導体のこと」をさすようであった（23
頁）。

36）中国での iPhone の生産，ベトナムでの Galaxy の生産については宮嵜［2017］を参
照されたい。

〔引用文献〕

大平号声［1996］「経済の情報化と雇用効果」溝口敏行・栗山規矩・寺崎康博編『経済統
計に見る企業情報化の構図』第10章，富士通経営研修所。

小川紘一［2014］『オープン＆クローズ戦略——日本企業再興の条件』翔泳社。

柏原久［1992］『ついに IBM をとらえた～富士通・エキサイト集団の軌跡～』NHK 出版。

川崎市［1997］『川崎市史　通史編　4 下　現代産業・経済』。

川崎市総体部総務課統計課［1985］『川崎市の工業の歩み～戦後復興期から現在まで～』。

新光電気工業株式会社史編纂委員会［1988］『新光電気工業40年史』。

新藤哲雄［2006］「半導体産業のパラダイムシフトとイノベーションの停滞—戦略思考の
視点から見た NEC の混迷の本質」一橋大学イノベーション研究センターIIR Working
Paper WP#06-06。

総務省［2022］『令和 3 年版　情報通信白書』PDF 版。
https://www.soumu.go.jp/johotsusintokei/whitepaper/ja/r03/pdf/index.html

竹内成［1986］「三井呉服店及び三井工業部における慶應義塾卒業生の動向」『近代日本
研究』Vol. 3，慶應義塾福沢研究センター。

垂井康夫監修産業タイムズ社・半導体産業新聞編［2000］『日本半導体50年史—時代を
創った537人の証言』工業調査会。

電子機械工業会・テレビ技術委員会［1967］『初等カラーテレビ教科書』オーム社。

東京芝浦電気株式会社総合企画部社史編纂室［1963］『東京芝浦電気株式会社八十五年史』

東芝「1号機ものがたり　製品詳細」https://toshiba-mirai-kagakukan.jp/history/ichi-
goki/products.htm?morebox=y1960tv-more#y1960tv

中屋雅夫［2012］「日本半導体産業課題：2000年代における日本半導体産業の不振」一橋
大学イノベーション研究センターIIR Working Paper WP#12-10。

西嶋貴史［2006］「半導体 IP ライセンスで普及した ARM アーキテクチャ—半導体レシピ
をものづくりにご利用ください」『赤門マネジメント・レビュー』5 巻 5 号。
http://www.gbrc.jp/journal/amr/AMR5-5.html

日本電気株式会社社史編纂室［1980］，『日本電気最近十年史—創業80周年記念』。

日本電子機械工業会［1998］，日本電子機械工業会［1998］『電子工業50年史，CD-ROM版，電子産業技術史，産業技術史各社篇』。

富士通株式会社［1986］『社史Ⅲ』。

富士通株式会社長野工場［1996］『長野工場30年のあゆみ』。

松本尚・城和貴［2014］「CSoC（Configurable System-on-Chip）の位置付けと発展性について」　情報処理学会研究報告，No. 27。https://ipsj.ixsq.nii.ac.jp/ej/?action=repository_uri&item_id=99321&file_id=1&file_no=1

宮嵜晃臣［1995］「日本電子・電機企業（セットメーカー）の海外事業展開の現状」現代日本経済研究会編『日本経済の現状　1995年版』学文社，所収。

宮嵜晃臣［2000］「日系企業の東アジアでの事業展開が国内経済に及ぼす影響」天野勝行・芳賀健一編『現代資本主義の現実分析──新しいパラダイムを求めて』昭和堂，所収。

宮嵜晃臣［2014］「IT／グローバル資本主義下の長野県経済再考─ IT バブル崩壊後の長野県経済」『専修大学社会科学研究所月報』No. 615。https://www.senshu-u.ac.jp/~off1009/PDF/smr615.pdf

宮嵜晃臣［2017］「グローバル資本主義の変容とベトナム工業化」佐藤康一郎編『変容するベトナムの社会構造──ドイモイ後の発展と課題』社会科学研究叢書19，専修大学出版局，所収。

宮嵜晃臣［2023］「長野県北信地方の産業集積の形成過程について」『専修経済学論集』第57巻 第3号，2023年3月。https://senshu-u.repo.nii.ac.jp/record/13364/files/1011_0144_06.pdf

I/O 編集部［2017］『「CPU」「GPU」「メモリ」半導体技術の流れ』工学社。

Steve Furber 著・アーム株式会社監訳［1999］『ARM プロセッサ　32ビット RISC のシステム・アーキテクチャ』CQ 出版社。

第4章

川崎における地域労働運動の
歴史的特質と変容
——高度成長期を中心とする考察

兵頭 淳史

1．はじめに

　「工都」川崎は，20世紀初頭以来，日本有数の「労働者の街」として近現代の歴史を刻んできた都市でもある。そのことは川崎に，日本における労働運動の中心という位置づけを与えてきた。それはたとえば，川崎に立地する代表的事業所である日本鋼管川崎製鉄所や東芝堀川町工場における労働運動が，日本労働運動史・労使関係史の本質の解明につながる重要な研究対象とされてきたという事実に端的に現れている[1]。

　しかし同時に，東京と横浜という両大都市にはさまれた重工業都市であるという川崎の地理的な与件は，この地域の労働社会に独特の性格をも与えてきた。川崎における労働運動のあゆみを，とくに地域組織に着目しつつ観察したとき，そうした特性は，労働運動のあり方にも，日本の他の地域とは異なる独自の相貌として現れてきたことが見て取れる。そして，かかる特殊性をもつ川崎の地域労働運動史像こそが，戦後日本の労働社会・労働運動のもつ問題性をより凝縮した形で逆照射しているとも言えるのである。

　本章は，1956年に結成された全川崎労働組合協議会に焦点を当てながら，戦後川崎における労働運動の歴史的展開を，1970年代初頭までの時期を中心に検討することを通じて，労働運動・労使関係という領域において川崎という地域がどのような特質をもってきたのか，そしてそれをふまえたうえ

で，川崎における労働運動の歴史的なあり方は，日本の労働運動史像をどのようにとらえ直すことをわれわれに求めるものなのか，という問題をめぐって考察を試みたものである。

2．労働組合の再建から全川崎労協の結成へ

第二次世界大戦の敗戦と戦災は，戦後日本の生産システムに壊滅的状況をもたらし，それは労働者にとっては，甚だしい食料不足，雇用不安，さらに破局的なインフレといった，さまざまな形をとった生活危機となって現出した。そうした客観情勢を背景に，戦時においてはファシズム体制による弾圧等によって逼塞を余儀なくされていた労働運動の活動家が，占領軍による民主化改革の開始によってその活動を再開させたことを直接的な契機として，1945年10月以降，全国で労働組合の組織化が本格的に進められていった。川崎も無論その例外ではなく，45年11月7日における池貝自動車従業員組合の結成を嚆矢として，その後，東芝堀川町工場，富士電機，明治製菓，日本電気，日本鋼管川崎製鉄所など，川崎を代表する大規模事業所を含む数多くの職場に陸続と労働組合が結成されてゆき，46年末の段階で，川崎市内において110組合，4万8000名が組織されるに至った[2]。

これら労働組合の大半は，職場・事業所別労働組合として組織されたものであったが，その動きとほぼ並行して，地域単位での共闘組織の結成も進められていた。すなわち，45年12月には，川崎およびそれに隣接する横浜市鶴見を中心に日本共産党系活動家の指導の下で組織化された職場・事業所別労組の代表が川崎市内に集まって，神奈川県工場代表者会議が開催され，これを母体として翌46年1月には神奈川県労働組合協議会（神奈川労協）が発足した。そしてこの組織は，同年9月に結成されるナショナルセンター・全日本産業別労働組合会議（産別会議）の源流となるとともに，その県組織としての神奈川産別へと発展することになる[3]。

他方，旧総同盟を中心とする戦前の「合法無産運動」の系譜に連なる潮流

も，45年10月から労働組合全国組織再建の動きを本格化させ，それと軌を一にして各府県レベルでも労働組合組織再建の動きが進められつつあった。そして46年1月には，全国組織としての日本労働組合総同盟（総同盟）の正式発足に先立つこと約半年にして，総同盟神奈川県連合会の結成を見ていた。

　このように，戦後復活した労働組合運動の全国組織は，左派の産別会議と右派の総同盟という2つの主要な潮流に分かれて結集を進めてゆくことになる。そして窮迫する労働者の生活状況と，敗戦によって統治・経営主体の正統性が危機に陥るという情勢を背景に，生産管理闘争に代表されるラディカルな職場闘争や「食糧メーデー」に代表される街頭での大規模な大衆闘争が激発するなかで，全国的に運動のイニシアティブを握ったのは前者，産別会議を中心とする左派労働運動であった。それは神奈川県にあっても例外ではなかった。

　しかしながら，川崎市に限定してみた場合，労働運動の主体的状況は，全国や神奈川県レベルでの動向とは若干異なる様相を呈していた。というのも，戦後初期に川崎市内で結成ないしは再建された労働組合のなかでも，46年末の段階で市内労働組合員数の約1割を占めるなど際立って大きな比重をもった組織として，日本鋼管川崎製鉄所（鋼管川鉄）労働組合が存在したが，戦前期に同事業所に存在した労働組合は旧総同盟系の有力組織であり，戦後労働組合の再建期にあっても総同盟神奈川県連の拠点としての位置を占めていた。その一方で，やはり市内屈指の大規模事業所である東芝堀川町工場を中心とする東芝各事業所の労働組合が，結成後すみやかに共産党グループを中心とする左派の主導するところとなり，産別会議の拠点となったこともよく知られている[4]。川崎市域における戦後再建期の労働組合運動は，左派主導で進んだ全国的情勢に比べると，当初から左右両派の拮抗した状況のなかで展開していったのである。

　ところで，労働運動をめぐる全国的な情勢に再び目を転じれば，1947年に入ると，公共部門を主軸とする2・1ゼネストへ向けて，労働攻勢が著し

い高揚局面を迎えるなかで，左右を越えた共同闘争と労働戦線統一の気運が醸成されていった。そしてこの2・1ストが占領軍の命令によって中止に追い込まれ，全国的な労働攻勢自体は小康状態を迎えた後も，戦線統一へのモメントは維持され，3月には産別会議・総同盟および中立系を含めて，国内の主要労組ほぼ全てを包括する協議機関として，全国労働組合連絡協議会（全労連）が結成された。

　こうした戦線統一の気運の高まりは，左右両潮流の拮抗する川崎にも波及した。47年6月，市内における産別会議系・総同盟系・中立系にわたり計3万5000名を組織する35の労働組合が結集し，川崎地区労組連絡協議会（川崎地区労）が結成されたのである[5]。

　しかしながら，このような戦線統一への積極的な動きはその後長くは続かなかった。挫折した2・1ストの総括をめぐる軋轢に始まり，川崎地区労の結成と相前後して発足した，社会党首班の片山哲内閣と，その退陣後48年3月に発足した，民主党首班で社会党も引き続き連立する芦田均内閣という，2つの中道左派連合政権が採用した社会経済政策への評価をより重大な争点として，労働組合内における左右対立が再び激化していったのである[6]。全国レベルにおけるその端的な現れが，48年2月の産別会議民主化同盟（産別民同）の結成と，同年6月における総同盟の全労連脱退であり，さらに，多くの産業別組織や事業所別労組における，共産党や容共左派グループへの対抗組織の結成，さらには組合分裂という形でも，そうした動きは表面化していった。産別民同・総同盟およびこれら反共産党・反左派グループは総じて「民同派」と称され，48年から49年初めにかけて労働運動圏全体にわたって漸次的に拡大していった。

　このように再燃していった左右対立は，川崎地区の労働戦線にもすみやかに反映することとなる。総同盟中央の全労連脱退後，48年8月には，総同盟神奈川県連と神奈川産別内の民同派系労組が中心となって，神奈川県労働組合民主化協議会（労民協）を結成，これに対して産別会議系の左派組合は神奈川県労働組合会議（県労会議）を結成して，再び激しい闘争を展開しは

じめ，神奈川県内の労働運動には左右に分極化する状況が顕在化していった
が，川崎の労働組合にもこうした線に沿った左右対立が48年中には明確に
現れていったのである[7]。

　ところが，翌49年から50年にかけて状況は再び大きな変化を見せる。中
道左派政権の崩壊と保守派による政権奪還という政治情勢，そして東アジア
における冷戦開始への対応の一環として，インフレの早期収束と緊縮を前面
に打ち出し，かつ反共色を強める占領政策の展開，並びにこれらを背景とす
る経営者陣営の立ち直りと労務政策の強硬化のなかで，左派・産別会議系労
働組合は，とくに共産党員や容共左派組合員を主要な標的とする大量解雇
や，より明白なレッド・パージなどによって壊滅的な打撃を被ることとなっ
たのである。

　かくして，敗戦以降，左派主導の運動高揚期，戦線統一気運の高まりの時
期，そして左右対立激化という局面を経て，1950年代を迎えるころには，
労働組合内における共産党系を中心とする左派の運動は後景に退き，民同派
主導の労働運動が確立することとなる。そのことを象徴するのが，50年7
月における民同派諸組織を結集した日本労働組合総評議会（総評）の発足で
あった。

　労働者組織をめぐるこのような全国的情勢は，神奈川県レベルでは，50
年9月に神奈川県地方労働組合協議会（神労協）が結成され，さらにそれが
51年5月に総評の正式な地方組織である神奈川県地方労働組合評議会（神
奈川県評）へと発展するという形で現れていた[8]。そして川崎では，こうし
た動きに先立つ1949年夏ごろから，総同盟傘下にあった鋼管川鉄労組が中
心となって川崎地区労に対抗する地区組織の準備が進められており，この動
きに，日本電気玉川労組や川崎市職員労組の他，左派系の主導する川崎地区
労から脱退していった他の諸組織も合流して，50年9月に，総評・神労協
に連なる川崎における地域組織として，川崎市労働組合協議会（川崎市労協）
が結成された[9]。

　しかし，全国レベルで見たときには，産別会議が事実上壊滅し，総評の主

94

導権が確立した後の1952年段階に入ってもなお，川崎においては，川崎市
労協が総数2万7000名を組織する最大の地域組織としての位置を固めなが
らも，川崎地区労もなお組織人員数8000名と，日本コロムビア労組や昭和
電線労組，日立製作所川崎工場労組，東急労組東横支部などいくつもの有力
組合を擁する，無視しえない勢力として存在し続けていた[10]。さらに，総
評成立に伴い，いったんこれに合流し組織解体が進められつつあった総同盟
から，その解体に反対する右派が脱退，51年6月には総同盟再建大会を開
くが，この動きに連動して，神奈川県内における総同盟右派も総同盟神奈川
県連を再建して神奈川地評と決別し，同様に川崎市内においても総同盟右派
系が川崎市労協から分離して総同盟川崎地区協が結成された[11]。

こうして，1950年代初めの段階で，全国的には総評を中心とする労働戦
線の再編・統一というプロセスが，左右両翼の外側に少数の批判派を存在さ
せつつも，おおむね完成を見ていたのであるが，川崎における地域労働運動
組織は，川崎地区労（左派）・川崎市労協（中間派）・総同盟川崎地区協（右
派）が鼎立するという，全国レベルとはやや異なった状況が現出していた。
そして，この3者のうち，とくに川崎市労協と川崎地区労を中心として，
52年夏ごろから早くも統一への模索が始まるのである。

すなわち，同年8月に川崎市労協と川崎地区労および中立系諸労組によっ
て非公式の川崎地区労働戦線統一懇談会が開かれ，さらに54年5月には，
地区労・市労協・総同盟地区協および中立系から成る「五月会」が発足，毎
月の定例会議開催や世話人組合選出が合意された。その後はこの五月会世話
人会を中心に統一への話し合いが進められ，55年からその呼びかけになる
「市内労組拡大会議」の数次にわたる開催を経て，川崎における統一地域労
働運動組織結成の動きはいっそう具体化していくことになった[12]。ただ総
同盟川崎地区協はこのプロセスの終盤において離脱するが，川崎地区労・川
崎市労協および中立諸労組の合流は56年に実現した[13]。こうして，川崎市
内の民間・公共両部門にわたる33労組・4万3000名を組織し，総評系の地
区労のなかでも最大規模の組織として全川崎労働組合協議会（川労協）が発

足をみることとなったのである[14]。

3．地域における社会運動ユニオニズムの展開

　この川労協誕生の 1 年前，1955年は，左右両派社会党の統一と，保守合同による自由民主党の結成によって「55年体制」が成立し，日本共産党も1950年以来の分裂状態から，名実ともに統一を回復し合法路線に復帰するなど，日本政治史上の重要な画期をなす年であったが，労働運動の領域に目を転じても，総評に太田薫・岩井章をリーダーとする指導部が事実上の発足を見た年であって，その太田・岩井ラインの総評指導の下で，各産業別組織が春季に足並みを揃えて産業別統一賃金闘争を展開する「春闘」が開始されるなど，同年は労働運動史上においてもやはり大きな画期点となった。また川労協結成の 1 年後，57年秋には，このころにはまだ秋季に賃金闘争の山場を設定していた鉄鋼労連が，権限の強化された労連指導部の下で11波19日にわたる統一ストライキを決行するなど，川労協発足と相前後して，産業別統一賃金闘争が高揚局面を迎えていた。

　川労協はこうして活発化する産業別統一賃金闘争に対して積極的に関与していった。たとえば，56年における第 2 回春闘の一環として，同年 4 月，電機労連が初の大規模な統一ストを実施するが，この電機労連の中核をなす単組であり，川崎労協の主要構成組織でもある東芝・日立・日本電気・富士通などの事業所別労組も，足並みを揃えてストを決行した。この際，電機労連川崎地協が川崎市内で開催した決起集会に，川労協は結成後 1 ヵ月にして大規模な支援動員を行っている[15]。また，同年の秋季における鉄鋼労連・全石油・全日通などの賃上げ闘争においても，川労協は市内各労組の合同決起集会を開催，約9000名を動員した。

　翌57年春闘にあたっては，川労協の主催によって春闘連絡共闘会議が開催され，ビラ入れ支援や，ストライキへの支援動員の態勢を構築した。そして59年には，このような春闘における川労協を主体とするキャンペーンが，

恒常的な組織としての川崎地区春闘共闘委員会へと発展，川労協が川崎の春闘において指導的役割を担う体制が構築された[16]。そして，戦後労働運動史上最大級の産業別統一賃金闘争である前述の57年秋季の鉄鋼ストにあたっても，川労協は闘争支援のための融資資金１億円を準備し，第２波ストに合わせて市内で総決起大会と市中デモ行進を決行するなど，鋼管川鉄労組への支援を中心に全面的なバックアップ体制を組んだのである[17]。このように，全国規模の産業別組織を主要なアクターとする産業別統一闘争の高揚のなかで，発足直後の川労協もまた，そうした企業横断的な闘争の，地域からの支援と基盤強化を図る能動的な主体として立ち現れていた。

さらに川労協は，かかる統一闘争の展開と連動させつつ，中小零細企業労働者や非正規雇用労働者（臨時工・社外工等）の組織化にも積極的なコミットメントを展開していた。なかでも最も注目された動きの一つが，56年の，昭和石油川崎製油所の構内下請企業である共栄ドラム缶の組織化と賃金闘争である。大資本たる昭和石油の非正規労働者（社外工）の組織化から無期限ストへという展開が社会的な関心をも集めたこの争議をめぐっては，川労協は，まず親会社である昭和石油の本工労組と協力しつつ組織化の主体として活動し，そして無期限ストの決行に際しては，地労委への提訴，川労協内に闘争支援委員会の設置，近隣労組を主体とした長期動員態勢の構築，川労協傘下組合員１名あたり５円の組織カンパといった強力な支援体制を組むことなどを通じて，最終的には労組側の全面勝利という結果に重要な貢献を行った[18]。

そしてこの共栄ドラム缶争議を契機として，川労協は「中小企業相互援助積立金」制度を組織内に設立する。これは中小企業労組の活動や争議の支援のみならず，中小企業労働者を主たる対象とする地域合同労組の組織化までを展望して設立された制度であった[19]。

くわえて，鉄鋼争議に世間の耳目が専ら集まった57年中にも，川労協のかかわる中小・零細企業の労働者の組織化をめぐっては，注目すべき動きがいくつも生起していた。そのなかには，昭和電工や東芝における臨時工労組

の結成も含まれるが，他にもとりわけ話題となったのが，全国でも初めての
パチンコ店労働者の組合，全川崎遊技場労組の組織化である[20]。これは，
12月に市内のパチンコ店5店で働く85名の労働者によって，時短・社会保
険適用・生理休暇・一時金などを要求して結成された，企業（店舗）横断的
な労働組合であった[21]。

　このように川労協は，当時の労働運動全体の状況をも背景として，結成後
きわめて早い段階から活発な組織化と能動的かつ多様な争議支援を積極的に
展開していたことが見て取れる。そして，その活動の方向性は，企業横断的
な産業別統一闘争の地域的な基盤構築・支援や，中小零細企業や非正規雇用
など労働市場の周辺部に位置する不安定就労層の組織化や要求運動に積極的
にコミットするものであった。すなわち，結成当初における川労協の運動は，
今日しばしば日本固有の労働組合運動のあり方と見做されがちな，企業別
（企業内）に組織され大企業男性正規雇用を中心とする中上層労働者の狭隘
な利害にのみ立脚した労働組合を主体とする運動といったあり方ではなく，
不安定就労層を含む広範な労働者を巻き込み社会的課題を前面に打ち出す，
社会運動ユニオニズムとしての性格を示すものだったのである[22]。こうし
た川労協の性格は，50年代後半から60年代初頭にかけて次々と生起する，
米軍基地反対闘争（砂川闘争）や教員勤務評定導入・警職法改定反対闘争，
そして安保条約改定阻止闘争といった，「平和と民主主義」をシンボルとす
る大衆的な政治運動に積極的な参加と動員を行ってゆくことにも顕著に現れ
ていた[23]。

　ところで，この時期における川労協の組織と運動の中軸を担っていたの
は，組織人員数の面でも運動の歴史的蓄積という面でも際立って大きな存在
感を示す臨海地区の大製造業，とりわけ鋼管川鉄労組と，東芝労連傘下の各
事業所労組などであった。

　このうち鋼管川鉄労組は，前述のごとく元来は総同盟の中心的組織として
右派労働運動の拠点と位置づけられる組織であった。それが，1950年代初
めから，日本鋼管を含む鉄鋼業界全体で進展する合理化の動きのなかで労働

者の不満が増大しつつあったことを背景とし，政治的には左派社会党色を鮮明にしてゆき，50年代の半ばからは職場闘争を活発化させるなど，戦闘的な事業所別労組としての相貌を示しつつあった[24]。

　また堀川町労組を中心とする東芝労連は，1949年の大争議における分裂と敗北，再統一というプロセスを経て，共産党および容共左派グループを指導部から排除したものの，ただちに労使一体的な組織に変質するということなく民同左派的な性格を維持し，少なくとも60年代までは，大幅賃上げを要求する大規模なストライキ闘争をしばしば展開し，安保闘争などの政治課題へも積極的な取り組みを見せる，一定の戦闘性をもった労働組合であり続けていた[25]。そして東芝の労組を傘下におさめる電機労連は，全造船などとともに中立労連を結成し，春闘や政治闘争において総評との共闘体制を組んでゆくことはよく知られている。

　前述したような，結成から60年代初めころまでの時期における川労協の組織と運動の特質は，その中核に位置する民間大企業労組の，こうした行動様式によって支えられていたのである。しかし次節で見るように，60年代以降これら民間大企業労組がその性格を変貌させてゆくことで，川労協の運動にもまた変質がもたらされることになる。

4．民間労使関係の変化と公害闘争の帰結

　まず，鋼管川鉄労組においては，前述の57年争議の後，59年にも激しく闘われた鉄鋼労連統一賃金闘争が，再び労働側の敗北という形で終結したことを契機として，社会党左派・共産党グループに対抗すべく経営側によって育成されたインフォーマル組織が組合内に台頭していった。そして川鉄を含む京浜地区3事業所の統合によって，68年にあらたに日本鋼管京浜製鉄所が誕生し，労働組合も日本鋼管京浜製鉄所労組へと再編される前後には，この会社派インフォーマル組織が組合の主導権を掌握することとなった[26]。他方東芝においても，60年代末から本社労務管理部門の全面的バックアッ

プの下で，労組内会社派インフォーマルグループの組織化が進められてゆき，労組の意思決定における影響力を急速に拡大させてゆく[27]。

　このように，60年代後半以降活発化する，経営者の育成・支援を受けた会社派組織による労働組合の主導権奪取は，日本鋼管や東芝に限らず多くの大企業労組の，労使一体的・企業主義的な性格への転換をもたらしたが，このことは，地域労働運動組織に対しても重大な影響を及ぼしていった。その影響は，多くの場合，具体的には各地の地評・地区労からの民間大企業労組の脱退という形で現出する。

　たとえば67年に鋼管川鉄労組が神奈川県評を脱退，東京都下でも68年に東芝府中労組が地区労を脱退した。これらの動きは各々の地域における民間部門の主力が失われたことを意味するものであり，当該の地域労働運動組織に少なからぬダメージを与えるものであった[28]。そして，かかる動向が日本鋼管や東芝に限定されたものではなく民間大企業セクター全体に広範に及んでいたこと，また地域的にも京浜工業地帯や首都圏にとどまるものではないという事実は，たとえば，70年における北九州地評からの旭硝子，東洋陶器，住友金属，三菱化成および八幡製鉄所労組の脱退劇から端的に看取しうる[29]。

　この北九州市における情勢の展開は，川崎と同様に製鉄や機械製造などを中心とする重工業都市における地域労働運動組織をめぐって発生したものであるという点で，川崎との比較において特に重要である。というのも，実は川崎に限ってみればこうした事象は発生しないからである。すなわち，鋼管川鉄労組にしても，神奈川県評からは脱退しても川労協には残留し，さらに事業所統合で鋼管京浜製鉄所労組に再編され，事業所別労組から典型的な企業別労組に脱皮した後も，川労協との組織関係に基本的な変化はなかった。また東芝の組織も川労協からは脱退することなく，東芝労連が単一の東芝労組となって企業別労組としての性格を明確化させていった後も，やはり川労協にとどまり続けた[30]。このように，神奈川の県レベルにおける事態の推移や，東京や北九州など他の各地の状況とは大きく異なり，川崎においては

地区労からの主要民間大企業労組の脱退や地区労の分裂という現象は生じないままに，80年代末の労戦再編を迎えるという展開を見せるのである。

　このことの要因は，川崎のおかれた経済地理的な状況に求めることができる。すなわち，一製鉄企業が大きな比重をもつ重工業都市であるという点では北九州市と共通した性格をもちながらも，独立した都市圏を形成する北九州と異なり，川崎は東京圏の一角に位置する都市であり，しかも県都にして全国２位の大規模自治体である横浜に境を接し，さらに主要都市のなかでは相対的に面積の狭隘な自治体であって[31]，行政や運輸・通信といった分野における拠点・ハブとしての機能が，都市圏のなかで中核的な位置を占める都市に比べて大きくない。このことは，地域における労働組合全体に占める公務労組や運輸・通信分野等の公共セクター労組の比重を相対的に小さなものとする。

　これに対して，北九州市は小倉・八幡など５市の合併によって誕生し，広い面積をもつ自治体なるがゆえに，少なくとも70年代まで相当程度の規模をもった行政機構や多数の公立学校を有していたこと，また県庁所在地である福岡市からは一定の距離をもった独自の大都市圏を形成することなどから，国や県の出先機関あるいは国営企業・公共企業体のエリア拠点も立地していた。このことを背景として，北九州の労働運動圏における八幡製鉄労組の比重は確かに大きなものだった一方で，分厚い公務・公共部門の存在からくる公共セクター労組の軽視しえない影響力は，八幡製鉄労組など民間大企業労組の地域組織内における発言力への一定の制約条件として作用していた[32]。こうした，地評・地区労などの地域労働運動組織における公務・公共部門労組の比重の大きさは，鉱工業都市や，特定民間企業の「城下町」と呼ばれるような都市ではない地域においてはより鮮明に現れる。

　こうした，北九州などの状況と比較したとき，川崎における地域労働運動の顕著な特徴と言えるのは，日本鋼管や東芝をはじめとする民間大企業部門の圧倒的な優位である。つまり逆説的ではあるが，川崎においては，労使協調・労使一体化，ないしは企業主義化してゆく民間労組が，社会党左派や共

産党グループによる影響力行使をも背景としつつ社会運動的な路線を堅持し
ようとする傾向を相対的に強くもった公務・公共部門労組による抵抗や制約
を受けることなく[33]，地域労働運動組織のイニシアティブを握り続けるこ
とも可能であったがゆえに，そこから脱退する強い動機をもたなかったので
ある。

　そして川崎においてはむしろ，地区労組織が全体としてもっていた社会運
動主体としての性格が大きく変容してゆくことになる。そのことを端的に示
すのが，公害問題に対する川労協の取り組みをめぐる展開である。

　「工都」川崎においては，戦前より煤煙公害をはじめとする公害が社会問
題化しており，高度成長が始まると，煤煙や有毒ガスの排出を原因とする大
気汚染などの公害問題がいよいよ深刻化しつつあった。高度成長の開始時期
に結成された川労協は，早くも59年には公害闘争の方針を打ち出し，市独
自の公害防止条例の制定要求などに意欲的な取り組みを見せ，60年に安保
闘争の熱気さめやらぬ情勢のなかで展開された署名運動などを通じて，同年
末における条例制定へと結実させた[34]。

　しかしその後も川崎の大気汚染は改善されるどころかいっそう悪化の様相
を呈し，住民の健康被害を深刻化させながら拡大してゆくなかで，川労協は
1968年に公害対策特別委員会を設立，対行政要求を強化するといった方針
を策定・実施し，さらに70年には「公害特別講座」の開講や，県評と共催
での「公害メーデー」の開催といった活動によって，公害闘争の取り組みを
さらに強化するという姿勢をみせていた[35]。だがその一方で，公害闘争に
取り組む住民運動からの共闘申し入れを拒否するなど，60年代末以降にお
ける川労協の公害闘争の方針はアンビバレントな様相を強め，公害被害者や
住民団体からの疑念を招きつつあった[36]。

　こうしたなか，川労協執行部は70年末，日本鋼管や東芝などをも含む市
内38の事業所を公害発生源として特定し，その責任者を業務上過失致死な
どの容疑で刑事告発する，という方針を打ち出した[37]。このことは，これ
まで川労協の公害問題への取り組みに懐疑的な目を向けつつあった住民や公

害被害者からの共感と期待をもって迎えられ，大きな社会的な注目を集めることになった。

　しかし，川労協執行部によるこの提起は，他ならぬ加盟単組，とりわけ告発対象として名指しされた企業の企業別労組からは強い抵抗をもって迎えられた。その結果，年が明けて71年1月には同執行部の姿勢は一転，刑事告発の方針は事実上撤回されることになる[38]。こうした顛末は，「告発」運動が大きな話題と期待を呼んだだけに，その反動として大いなる失望を招くことになった[39]。

　そしてその後川労協による対公害問題方針は，各企業において，使用者の公害防止に関する努力義務を明記した「公害防止協定」の締結を進める，という微温的なものへと転換し，対企業の告発闘争はもとより，住民・被害者団体との共闘も実現しないまま，公害闘争自体が事実上終息してゆくことになる[40]。

　こうした変化は，とくに結成から1960年前後にかけて，川労協の主要な活動の一つとして取り組まれていた，平和・安保問題の分野における運動についても看取しうる。すなわち，60年代後半から本格化しつつあったベトナム反戦闘争と，それと相まって高揚する70年安保闘争に向けては，66年10月に富士見公園市民広場で1万6000名規模のベトナム反戦集会を開催するなど，川労協は数次にわたって大規模な街頭行動や集会を組織したが，徐々にその頻度や規模は縮小し，69年10月21日の川崎球場前広場における国際反戦デー集会を最後に，70年以降は平和・安保問題における独自の街頭行動や集会はほとんど組まれなくなった[41]。

　さらに，前述したように結成直後から60年代初頭にかけては盛んに取り組まれた，川労協を主体とする未組織労働者を対象とした組織化活動も，70年前後には全く影を潜めることになったのである[42]。

5．小括と展望

　以上，日本の高度成長が始まった時期と相前後して結成された川労協に着目しながら，高度成長の終焉前夜である1970年代初頭に至る時期までの，川崎における労働運動の軌跡を辿ってきた。その結果，川崎においてはその地理的・産業構造的な特性ゆえに，地域労働運動における製造業民間大企業セクターの影響力が一貫して際立っていたという，他地域の状況との差異を確認しえた。そしてこの基本的構図をふまえて川崎の歴史的展開をあらためて咀嚼したとき，われわれは次のような視点を獲得しうると思われる。すなわち，民間大企業セクターで多数派を占める労働者もまた，歴史的条件と主体的な取り組みとの相互作用次第では，広範な住民・市民の利害，社会的課題や「周辺」的労働者層を意識した社会運動的な労働組合運動の担い手たりえたこと，そして民間大企業セクターからそのような条件が失われたとき，当該地域における地域的な労働者組織もまた，全体として社会運動的な性格を喪失し，あるいは組織の統一性を失った，ということである。

　1970年代までの間に，地域組織において民間大企業部門が圧倒的ヘゲモニーを保持するという地域的特性ゆえに，川崎の地域労働運動は前者の道を辿ったが，日本全体を見渡したときには後者の道，すなわち民間大企業労組の脱退によって地域労働運動組織が分裂ないしは縮小していったケースが多い。しかしそうしたケースにおいては，公務・公共部門や中小セクターの労働者によって，労働組合運動のもった社会運動的な伝統と性格が継承されつつ今日に至るというケースがしばしば見られる。

　70年代中盤以降，全国レベルで見れば，公務・公共部門労組の弱体化と解体傾向が進み，80年代には「労戦統一」をシンボルとして民間大企業セクター労組主導で進んだナショナルセンターの再編（総評など労働4団体の解散と日本労働組合総連合会（連合）の結成，これに対抗する少数左派による全国労働組合総連合（全労連）・全国労働組合連絡協議会（全労協）の結

成）というような形で，労働運動をめぐる「大文字の政治」が展開してゆく
一方で，増大する非正規雇用など不安定就業労働者や未組織労働者の「受け
皿」として，80年代以降，各地にコミュニティ・ユニオンと総称される新
しい地域労働組合が結成されていったが[43]，その母体の一つとなったのが，
全国や都道府県レベルでは「労戦統一」のなかで総評・地県評が解体して
いったにもかかわらず，公務・公共部門などを中心として少なからず組織が
維持された地区労であったことが，そのことの傍証となっている。

　翻って川崎においては，1996年に川労協が連合の地域組織（川崎地域連
合）に合流し，総評系地区労の歴史は終焉を迎えた。これに対して川労協の
反主流派は全労連系地域組織として川崎労連を結成したが，この川崎労連の
イニシアティブの下，コミュニティ・ユニオンである川崎地域合同労組が結
成されたのは，ようやく2000年代に入ってからのことである[44]。こうした
80年代以降の川崎における地域組織とコミュニティ・ユニオンをめぐる情
勢の推移もまた，ここまで述べてきたような，川崎の地域的特性と，その特
性ゆえに地域労働運動組織から全体として社会運動的な性格が払拭されてき
たという歴史を象徴するものとも考えられる。

　ただし，90年代以降における川崎の地域労働運動をめぐっては，注目す
べき動向として，91年に，全造船機械関東地協神奈川地域分会を母体とし
て神奈川シティユニオンが結成され，外国人・移民労働者の組織化に活発な
取り組みをみせるコミュニティ・ユニオンとして注目されつつ今日に至って
いること[45]，そして2012年には，川崎地域合同労組が，地域産別組織であっ
た化学一般・化学川崎地域労組と組織統合し，全川崎地域労組へと発展した
ことを挙げることができる[46]。これらの動きは，公務・公共部門ではなく
中小セクター労組や大企業少数派労組を介して，社会運動ユニオニズム的伝
統がコミュニティ・ユニオンに継承された事例として興味深いケースである
と思われるが，紙幅の都合もあり，これらについての本格的な考察は別の機
会に譲らざるをえない[47]。

〔注〕

1）山本潔『戦後危機における労働運動』御茶の水書房，1977年；同『東芝争議（1949
　　年)』御茶の水書房，1983年；三宅明正「東芝争議」労働争議史研究会編『日本の労働
　　争議（1945〜80年)』東京大学出版会，1991年；Andrew Gordon, *The Evolution of
　　Labor Relations in Japan: Heavy Industry 1853–1955*. Council on East Asian Stud-
　　ies, Harvard University, Cambridge, Mass, 1985（二村一夫訳『日本労使関係史
　　1853–2010』岩波書店，2012年)；Gordon, *The Wages of Affluence: Labor and
　　Management in Postwar Japan*, Harvard University Press, Cambridge, Mass, and
　　London, 1998. など。

2）川労協30年史編纂委員会編『川労協30年のあゆみ』全川崎労働組合協議会，1986年，
　　3頁。

3）同前；労働省編『資料労働運動史　昭和20・21年』労務行政研究所，1951年，453
　　頁；並びに吉田健二「産別会議の成立過程」（2）『大原社会問題研究所雑誌』331号，
　　1986年，20頁。

4）山本，前掲『東芝争議』26–32頁，三宅前掲論文，49–52頁。

5）前掲『川労協30年のあゆみ』4頁。

6）兵頭淳史「産別会議民主化同盟の成立過程」『大原社会問題研究所雑誌』451号，
　　1996年；同「産別会議の組織と運動」『大原社会問題研究所雑誌』496号，2000年；同
　　「産別民同から総評へ」法政大学大原社会問題研究所・五十嵐仁編『「戦後革新勢力」の
　　奔流―占領後期政治・社会運動史論　1948–1950』大月書店，2011年；同「戦後経済
　　復興と産別会議」『専修経済学論集』129号，2018年。

7）前掲『川労協30年のあゆみ』4頁。

8）神奈川県労働部労政課『神奈川県労働運動史通史（戦後)』1981年，99頁。

9）前掲『川労協30年のあゆみ』5頁。

10）神奈川県労働部労政課『神奈川県労働組合名簿』1952年版，25–83頁。

11）前掲『川労協30年のあゆみ』5頁。

12）同前6–8頁。

13）同前8頁。

14）同前12頁，19頁。

15）同前12頁。

16）同前13頁。

17）同前16–17頁。

18）同前14–15頁。

19）同前15頁。

20）同前17頁。

21）同前，および『朝日新聞』1957年12月3日付（夕刊)。

22）こうした文脈における「社会運動ユニオニズム」概念の意味については兵頭淳史「戦

後70年の労働運動と社会運動ユニオニズム」『季刊経済理論』52巻4号，2016年を参照のこと。

23）前掲『川労協30年のあゆみ』169-182頁。

24）日本鋼管川崎製鉄所労働組合編『十年のあゆみ』同組合，1956年，154-182頁；同『闘いのあゆみ』同組合，1970年，102-134頁。Gordon, *The Wages of Affluence*, pp. 85-103.

25）樋口篤三「東芝堀川町労組における共産党産別と民主化同盟」『社会科学年報』（専修大学）34号，2000年，402-406頁。

26）高橋祐吉『企業社会と労働組合』労働科学研究所出版部，1989年，138-139頁。Gordon, *The Wages of Affluence*, p. 115, pp. 137-138.

27）高橋前掲書140頁，および山本潔「大企業の労資関係」東京大学社会科学研究所編『現代日本社会　5　構造』東京大学出版会，1991年，196-213頁。

28）神奈川県労働部労政課『神奈川県労働運動史』第5巻，1982年，68頁；三多摩労働運動史編纂委員会編『三多摩労働運動史』三多摩地区労働組合協議会，435頁。

29）北九州地区労働組合評議会編『北九地評15年史』同評議会，1981年，306-307頁。

30）「職場・事業所別労組」と「企業別労組」との異同，および前者から後者への歴史的展開の意味については，兵頭淳史「日本の労働組合運動における組織化活動の史的展開」鈴木玲・早川征一郎編『労働組合の組織拡大戦略』御茶の水書房，2006年を参照。

31）川崎市の面積は約144km^{2}で，横浜市の約3分の1，北九州市の約4分の1である。

32）1965年当時において，北九州市職労および，国労の九州最大の拠点国労門司地本が各々約1万名を擁する主力組織として北九州地評に加盟し，両組合ともに同地評副議長を送り出しており，約5000名を組織していた市教組は事務局次長ポストを確保していた（前掲『北九地評15年史』602-607頁）。

33）この点については早川純貴『「公労協」労働運動の終焉』御茶の水書房，2022年を参照。

34）前掲『川労協30年のあゆみ』118-120頁。

35）同前121-122頁。

36）渡辺義正「特ダネかゼンソクかで悩む記者」『マスコミ市民』46号，1971年，13-15頁。

37）『読売新聞』1970年12月24日付。

38）同前1971年1月20日付。

39）同前，および『朝日新聞』1月20日付。

40）前掲『川労協30年のあゆみ』124-131頁。

41）同前186-190頁，246-357頁。

42）同前214-294頁。

43）ここで使用している「コミュニティ・ユニオン」という概念は，狭義のコミュニティ・ユニオンを指す「コミュニティ・ユニオン全国ネットワーク」加盟の組織のみならず，連合系の「地域ユニオン」や全労連系の「ローカルユニオン」など，同種の機能・組織

形態をもつ労働組合を全て包括したものである。この点については兵頭淳史「労働組合の変貌―非正規労働者の組織化とコミュニティ・ユニオンを中心とする研究動向の検討―」『社会政策』4巻3号，2013年を参照されたい。

44）「全川崎地域労働組合の歴史と今日」全川崎地域労組公式サイト http://zennkawasaki. web.fc2.com/history.html（2023年12月27日閲覧）。

45）参照，村山敏「神奈川シティユニオンの滞日外国人労働相談活動」『労働調査』344号，1997年；小川浩一「日本における外国人労働者の組織化」（上）『労働法律旬報』1481号，2000。なお神奈川シティユニオンは，その名称にもかかわらず，川崎市幸区に事務所をおき，かつ横浜・横須賀には神奈川シティユニオンから独立した，同じ「シティユニオン」を名乗る組織があり，3者は良好な関係を保っていることなどからも，川崎を主要な活動エリアとするコミュニティ・ユニオンとして取り扱いうるものと判断した。

46）注44に同じ。

47）他にも2000年代以降の川崎における注目すべき動向としては，地域労働NPOの活動をも挙げることができよう。この点についてはNPO法人ワーカーズネットかわさき公式サイト https://workrule-kawasaki.jimdofree.com/ などを参照のこと。

第5章
神奈川県における
会計年度任用職員制度の実態

山縣 宏寿

1．はじめに

　本章の課題は，会計年度任用職員制度を取り上げ，その問題点について検討を行うとともに，特に神奈川県で会計年度任用職員として働く職員の認識等に焦点を当て，その特微点について論考を加えることにある。

　まず，このような課題設定を行う背景について明らかにしておこう。図5-1は，縦軸に各国のGDPに占める公務員給与の比率をとり，横軸を労働力人口に占める公務員数比率とし，各国のデータをプロットしたものである。図5-1から明らかなように，公務員数比率と公務員給与比率が比較的高い国は，スウェーデン，フィンランド，ノルウェーなどの北欧諸国，ならびにフランスなどとなっており，また英国，米国は同図中の中央に位置している。それに対して韓国は，公務員数比率および公務員給与比率は低く，同図中左下にプロットされ，さらにそれを下回る水準で日本は位置していることが確認できる。日本における公務員数比率と公務員給与比率は，国際的に見れば，その低さにおいて特筆すべき水準となっていると述べて差し支えないであろう。

　図5-1のデータは，2009年時点のデータであるが，それ以降における日本の公務員数の動向についても概観しておこう。図5-2は，地方自治体の正規職員数の推移をまとめたものである。2001年には約317万人であった

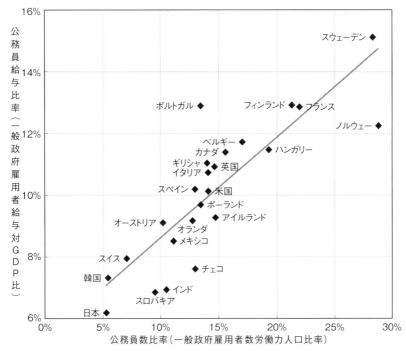

図5-1　公務員給与及び公務員数の国際比較

元出典：OECD［2009］*Government at a Glance 2009*, OECD.
出典：Honkawa Data Tribune.

地方自治体の正規職員数は，2010年には281万人となり，この間に約36万人が減っていることとなる。こうした傾向はその後も続き，2016年にはさらに273万人に減少している。人口1万人あたりの職員数で見れば，2001年は人口1万人あたりの職員数は250人であったが，2016年には213.7人となる計算である。

　他方，地方自治体における非正規職員数は，小泉政権下の「三位一体の改革」，総務省の「地方公共団体における行政改革の推進のための新たな指針」に基づく「集中改革プラン」などを背景とし増加の一途を辿り，正規職員の非正規代替が進行してきた。2005年時点では，非正規職員は約45万人であっ

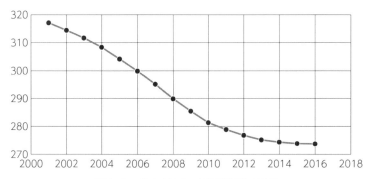

図 5-2　地方自治体の正規職員数の推移

出典：総務省［2017e］『平成28年地方公共団体定員管理調査結果』から筆者作成。

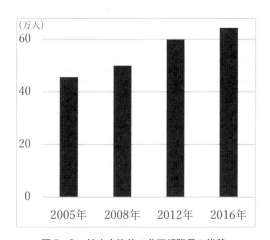

図 5-3　地方自治体の非正規職員の推移

出典：総務省［2017b］「地方公務員の臨時・非常勤職員に関
する実態調査結果」から作成。

たが，2008年には約50万人となり，さらにその数は2016年には約65万人
に達している。

　こうした中，地方公務員法ならびに地方自治法の改正を受け，2020年に
全国の市町村で会計年度任用職員制度が導入，施行された。本章は，当該制
度はどのような制度であるかを確認した上で，同制度が孕む問題点，そして

実際に当該制度運用のもとで働く職員の評価等について，特に神奈川県に焦点を当て，検討を加えようとするものである。

2．会計年度任用職員制度に係る改正法の成立過程と制度の概要

（1）改正法の成立過程

　総務省は，2009年に「臨時・非常勤職員及び任期付短時間勤務職員の任用等について」（総行公第26号）を示し，2014年には「臨時・非常勤職員及び任期付職員の任用等について」（総行公第59号）を，総務省自治行政局公務員部長名で各都道府県知事，各指定都市市長，各人事委員会委員長宛てに通知した。

　この通知では，臨時・非常勤職員，任期付職員の任用等に関する制度上の趣旨が周知されるとともに，当該職員の勤務内容に応じた任用・勤務条件の確保，また現状における臨時・非常勤職員の任用の再検証，それに対する必要な対応を図るよう要請するものであった。この通知の後，非常勤職員の任用制度の趣旨，勤務内容に応じた任用・勤務条件の確保の徹底などについて，総務省はフォローアップ調査を行い，その調査結果の分析と制度のあり方を検討することを目的として「地方公務員の臨時・非常勤職員及び任期付職員の任用等の在り方に関する研究会」が設置された。

　同研究会では，各種の検討を通じ，現状における問題点として，①「単なる事務補助職員も，本来は専門性を有する『特別職』で任用」が行われている点，②「採用方法等が不明確なため，一般職非常勤職員の任用が進まない」点，③「労働者性の高い非常勤職員に期末手当などの支給ができない」点などを挙げ，それらの内容をまとめた研究報告書（『地方公務員の臨時・非常勤職員及び任期付職員の任用等の在り方に関する研究会報告書』）が，2016年12月27日付で取りまとめられた。そして同報告書では，それら諸点への対応として，特別職非常勤職員・臨時職員の任用の厳格化，新たな非常勤職員としての会計年度任用職員制度の創設，一般職非常勤職員に給料・手当を

支給できる給付体系への移行などの方向性が示された。

　さらに同報告書では，臨時・非常勤職員の適正な任用・勤務条件を確保する上で，立法的な対応の必要性が強調され，それを受けて総務省は自治体に対する意見聴取を行い，法案の準備が行われた。このような流れのもと，2017年3月7日に改正法案が閣議決定された後，「地方公務員法及び地方自治法の一部を改正する法律案」が衆参両院で可決され，2017年5月17日に公布された。

（2）会計年度任用職員制度の概要と特徴

　会計年度任用職員制度は，このような経過を経て，全国の市町村で2020年4月1日より開始された。「地方公務員法及び地方自治法の一部を改正する法律」における趣旨の一つは，「特別職非常勤職員及び臨時的任用職員の任用要件の厳格化」[1]であり，会計年度任用職員制度への必要な移行を図るものである。

　この結果として，特別職非常勤の任用は，「専門的な知識経験又は識見を有する者が就く職であって，当該知識経験又は識見に基づき，助言，調査，診断その他総務省令で定める事務を行うもの」[2]に明示的に限定され，また臨時的任用は，「常時勤務を要する職に欠員を生じた場合」[3]に限られることとなり，それらの要件に該当しない特別非常勤職員，及び臨時任用職員，そして一般職非常勤職員は，会計年度任用職員に括られることとなった。

　以下では，会計年度任用職員制度について，総務省自治行政局公務員部が2017年に明らかにした『会計年度任用職員制度の導入等に向けた事務処理マニュアル（第1版)』(以下，「事務処理マニュアル」）を参照しながら，その概要を示しておくこととしたい。

　図5-4は，「事務処理マニュアル」において，会計年度任用職員制度を説明する上で示されている図である。同マニュアルでは，「『相当の期間任用される職員』を就けるべき業務」であるか否か，「フルタイム（とすべき標準的な職務の量）」であるか否かの2つの基準によって，4つの区分が設定さ

114

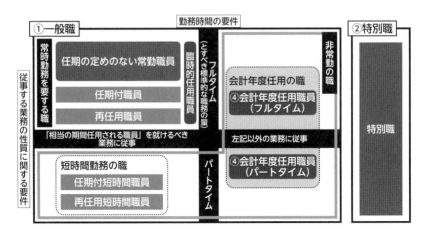

図5-4　常勤・非常勤の概念整理と「会計年度任用職員」の位置づけ

出典：総務省［2017d］より転記[4]。筆者一部加筆。

れている。

　まずこれらの４つの区分のうち，「『相当の期間任用される職員』を就けるべき業務」であり，かつ「フルタイム（とすべき標準的な職務の量）」である場合には，図５-４における左上の区分となり，「常時勤務を要する職」となる。同業務要件に当てはまるが，「フルタイム（とすべき標準的な職務の量）」に満たない場合には，任期付短時間職員などの「短時間勤務の職」（同図中左下の区分）に括られることとなる。

　他方，「『相当の期間任用される職員』を就けるべき業務」ではないものの，「フルタイム（とすべき標準的な職務の量）」の場合には，フルタイムの会計年度任用職員ということになり，同様に「『相当の期間任用される職員』を就けるべき業務」ではなく，かつ「フルタイム（とすべき標準的な職務の量）」の要件に満たない場合には，パートタイム会計年度任用職員ということになる。

　したがって，これらの説明から明らかなように，会計年度任用職員を規定する要件は，「『相当の期間任用される職員』を就けるべき業務」であるか否

かであり，これが会計年度任用職員を画する基準となることから，会計年度任用職員制度にとって重要な尺度となる。

　今，この「『相当の期間任用される職員』を就けるべき業務」の基準に注目すれば，「事務処理マニュアル」では，「『相当の期間任用される職員を就けるべき業務』については，単に業務の期間や継続性のみによって判断されるものではなく，従事する業務に関する要件を示すものであり，業務の内容や責任の程度などを踏まえた業務の性質によって判断されるべきものである」[5]（下線：筆者）としている。それに加え，同「事務処理マニュアル」は，「『相当の期間任用される職員を就けるべき業務』への該当性については，各地方公共団体において，業務の性質により，個々の具体的な事例に即して判断されるべきものであるが，地方公務員の臨時・非常勤職員及び任期付職員の任用等の在り方に関する研究会報告書…（中略）…においては，『典型的には，組織の管理・運営事態に関する業務や，財産の差押え，許認可といった権力的業務などが想定される』とされている」との説明を行っている。

　これらの説明における要点を端的にまとめれば，次のとおりである。第一に，「『相当の期間任用される職員』を就けるべき業務」は業務の性質によって判断されるべきものである。第二に，しかしそれらの判断は，明示的に示されているわけではなく，各地方公共団体で個別具体的な事例に即して判断されるべきものであるとしている。そして第三に，ただし，その業務は典型的には権力的業務を想定している，としている。

　これらの記述から示されるように，権力的業務を想定しているとは言え，その個別具体的な判断は各地方公共団体に委ねられ，明示されていないという意味で，「『相当の期間任用される職員』を就けるべき業務」という要件は，会計年度任用職員を画する尺度でありながら，曖昧性を残していると言える。

3．神奈川県における会計年度任用職員制度

（1）分析対象のアンケート調査概要

　それでは，このような会計年度任用職員制度は，その実態として，会計年度任用職員として働く職員から，どのように評価されているのであろうか。既述のとおり，同制度は2020年4月1日より開始されたことからも自明とされてきたが，その制度運用の実際についてはこれまで十分に明らかにされてきたとは言い難い。

　そのような中，この点に関して日本自治体労働組合総連合（以下，自治労連）が，会計年度任用職員制度に関する大規模なアンケート調査（「『会計年度任用職員』のあなたへ　いまだから聴きたい！2022アンケート」以下，「会計年度任用職員アンケート」）を2022年に実施した。この調査は会計年度任用職員として働く全国の職員を対象に行われ，回答者の年齢，性別，勤続年数の他，「職場で疑問に思うこと」，「不満に感じること」などの自由記述を含む，計13項目にわたり，回答が集められた。回答件数は，2022年9月30日時点のデータで2万1969件である。

　この調査は，全国を対象に実際に会計年度任用職員として働く職員から多くの回答を得ているという点で，その調査の意義は強調するまでもない。しかし，その一方で，大都市と地方のデータの全てが取り込まれている形となっている特徴も指摘できる。すなわち論を俟つまでもなく，同じ会計年度任用職員制度のもとで働いていても，大都市と地方とではその様相を異としている可能性があるが，全てのデータを分析の対象とした場合，その差異を明らかにすることは困難である。

　そのような観点から，大都市と地方における会計年度任用職員制度に対する評価の相違を明らかにする一つの手続きとして，本章では大都市部の一角をなす神奈川県の会計年度任用職員制度に焦点を当て，分析を行うことを通じて，その特徴点を示すこととしたい。

　神奈川県での回答は197件であり，全体の２万1969件に比してその数は少ないが，200件弱の回答数を勘案すれば，分析にたえられる一定程度の信頼性を有していると位置づけられよう。

　分析の対象を神奈川県に絞った場合における回答者の基本的属性等は，次のとおりである。性別では，男性からの回答が32件であり，女性からの回答が165件となっている。年代別の構成比でみれば，20代が0.51％，30代が4.06％，40代は8.12％となっており，50代，60代は，各々41.12％，44.16％などとなっている。このことから神奈川県でのアンケート回答者は，女性が多くを占めているとともに，年代では50代と60代で全体の８割以上を占めている。

　また職種別で見れば，その他（69件）を除けば，「一般事務，学校事務等」が50件と最も多く，それに続いて用務員が29件，保育士が21件などの構成となっている。さらにフルタイム会計年度任用職員かパートタイム会計年度任用職員かの区別では，フルタイム会計年度任用職員が30名，パートタイム会計年度任用職員が164名となっており，パートタイム会計年度任用職員が多数を占めている。

（２）神奈川県における会計年度任用職員制度に対する評価

　以上，回答者の基本的属性等を確認した上で，実際に神奈川県で会計年度任用職員として働く職員が，同制度についてどのように評価を行っているか，確認していくこととしよう。

　図５−５，図５−６は，「会計年度任用職員アンケート」において，「仕事にやりがい・誇りを持っていますか」の問いに対する回答を男女別にパレート図でまとめたものである。

　両図から明らかなように，女性，男性ともに会計年度任用職員制度に「やりがい・誇り」を持っているとする結果となっており，男女ともに回答数は，「やりがいを持っている」＞「やりがいは少しある」＞「やりがいはあまりない」＞「やりがいは持っていない」となっている。「やりがいを持っている」

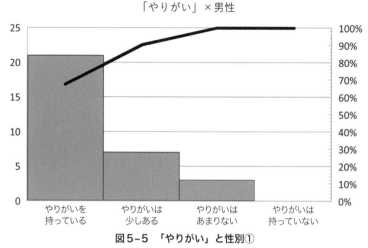

図5-5　「やりがい」と性別①

出典：自治労連［2022b］「『会計年度任用職員』のあなたへ　いまだから聴きたい！
　　　2022アンケート」結果から作成。

と「やりがいは少しある」を合わせたポジティブな回答は，男女ともにおよ
そ9割の水準となっており，制度上の問題点はありながらも，基本的に会計
年度任用職員は，「やりがい・誇り」をもって働いていることが確認できる。
また，若干の差ではあるが，男性よりも女性の方が，ポジティブな回答の割
合が高い結果となっている。

　次に就業形態別（フルタイム・パートタイム別）に，会計年度任用職員制
度に対する評価を確認していくこととしよう。図5-7は，フルタイム・パー
トタイム別に，図5-5，図5-6と同様に，会計年度任用職員制度に対する
「やりがい」の回答をまとめたものである。

　図5-7から全体的な傾向としては，「やりがいを持っている」，「やりがい
は少しある」の回答が多くを占めていることがわかる。注目すべきは，パー
トタイム会計年度任用職員の「やりがいを持っている」，「やりがいは少しあ
る」のポジティブな回答は93％であるのに対し，フルタイム会計年度任用
職員では，「やりがいを持っている」と「やりがいは少しある」の回答は，
全体の88％であり，パートタイム会計年度任用職員のそれに対して，比率

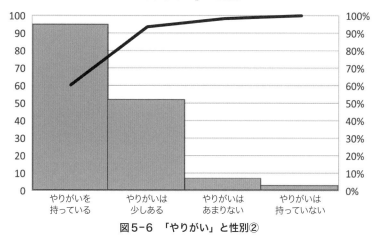

図5-6　「やりがい」と性別②

出典：自治労連［2022b］「『会計年度任用職員』のあなたへ　いまだから聴きたい！2022
アンケート」結果から作成。

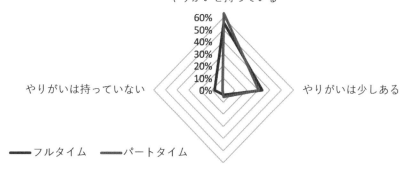

図5-7　「やりがい」と就業形態

出典：自治労連［2022b］「『会計年度任用職員』のあなたへ　いまだから聴きたい！2022アンケー
ト」結果から作成。

が約5ポイント下回っている点である。また「やりがいは持っていない」と
の回答がフルタイム会計年度任用職員では7.4％であったのに対し，パート
タイム会計年度任用職員では0.6％となっており，全体としてパートタイム

会計年度任用職員の方が，会計年度任用職員制度に対して「やりがい・誇り」を有している結果となっている。

　それでは，こうした会計年度任用職員のやりがいに対する評価は，主たる収入を誰が得ているかによって，異なるのであろうか。現状において，会計年度任用職員などの臨時・非常勤職員の時給は1000円以下が約5割と言われているなか[6]，主たる収入を自身で得ているか否かによって，その評価が変わってくる可能性がある。この点について，回答をまとめたのが図5-8である。

　図5-8が示すように，主たる収入が「自分」か否かで「やりがい」に対する評価に相違が認められる。主たる収入が「自分」の回答では，「やりがいを持っている」が全体の78％となっており，他の「配偶者・親など」(56.9％)，「自分を含む複数」(53.5％)よりも約20ポイント高い結果となっている。また「やりがいを持っている」と「やりがいは少しある」を足した「やりがい」に対するポジティブな回答では，主たる収入が「自分」以外の回答では，ともに約90％の回答となっているのに対し，主たる収入が「自分」

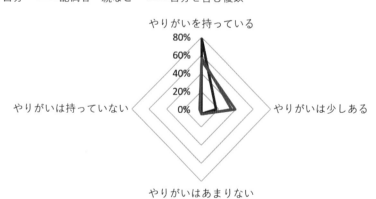

図5-8　「やりがい」と主たる収入

出典：自治労連［2022b］「『会計年度任用職員』のあなたへ　いまだから聴きたい！2022アンケート」結果から作成。

の回答では95％の水準であり，いずれの回答も高い水準であるが，そうした中，主たる収入が「自分」の回答での比率が最も高くなっている。

　それでは，会計年度任用職員は，同制度について改善等の要望を持っていないのか，最後にこの点について確認しておくこととしよう。図5-9は，「会計年度任用職員アンケート」中の「あなたが改善して欲しいことは何ですか」（複数回答可）の問いに対して，回答が多かった上位5点をまとめたものである。

　図5-9から明らかなように，賃金に関する項目が上位を占めていることがわかる。なかでも，「賃金を上げて欲しい」とする回答は100件であり，神奈川県での回答数197件に照らせば，およそ半数以上の回答者がこの項目を改善すべき点として回答していることとなる。それとともに，一時金，定期昇給，継続雇用についても改善すべきとして挙げられており，別言すれば，そうした項目について不満を抱いているものと解することができる。

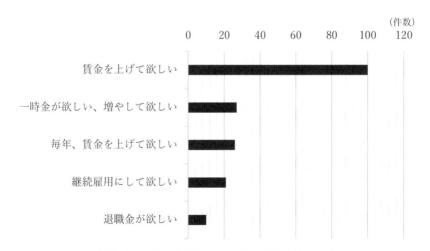

図5-9　会計年度任用職員制度に対する改善の要望

出典：自治労連［2022b］「『会計年度任用職員』のあなたへ　いまだから聴きたい！2022アンケート」結果から作成。

4．小括

　以上の諸点を総じていえば，神奈川県で会計年度任用職員として働く職員の同制度に対する「やりがい」の程度は軒並み高く，全体の傾向として，職員はやりがいを感じているとする結果となった。その程度は，男女ではあまり差はなく，強いて述べれば，フルタイム会計年度任用職員よりも，パートタイム会計年度任用職員の方が「やりがい」の程度が高く，主たる収入を自身で得ている会計年度任用職員の方が，「やりがい」に対して相対的によりポジティブな回答を行うものであった。

　しかし，会計年度任用職員制度に対して改善すべき要望を有していないのかと言えば，そのようなことはなく，特に賃金に関する項目を中心に改善すべき点として集中的に挙げられており，賃金に対する不満を強く抱いているものと解釈することができる。また継続雇用への要望も，上位5つの項目に含まれる結果であった。

　これらの結果は，相反する，ある意味矛盾する2つの心理を会計年度任用職員が内面化していることを示すものである。問題は，このような特徴をどのように評価し，把握すべきかである。今野・本田［2009］は，「やりがい」に言及し，「若者は『やりがい』にしか自らの『救済』を見いだせない境地に追い込まれている」とする論考を展開し，「やりがい」によって「不遇な自分の境遇を肯定することによって耐え抜こうとする」心理を指摘している。両氏によれば，「『使い捨て』，『自己責任』，『やりがい』は同じ地平にある」ものである。

　本章における分析の対象では，50代，60代が全体の85％を占めていることから，「若者」とは言い難い。しかしながら，本分析結果は同じ構図を，そこに見て取ることができる。すなわち，最低賃金に近い低賃金の下で働く会計年度任用職員が多くいるなかであっても，公務労働の重要性，住民サービス，住民生活の質，生活の安全性に直結した仕事であるとの評価から，自

身の不遇を心理的側面から昇華しようとする試みである。

　このような心理的内面化は，場合によっては「やりがい」を梃子とした不当な低処遇を正当化するように作用する可能性もある。

　筆者が敢えて指摘するまでもなく，公務労働は持続可能性が不可欠である。それを欠けば住民生活を下支えする土台を根底から失うこととなる。公務労働の非正規化，あるいは外部化，空洞化が指摘されて久しいが，そのような観点から，会計年度任用職員制度等の非正規公務員の処遇のあり方が，それに見合う処遇となっているか，引き続き点検を行い，改善を図っていくことが必要であろう。

〔注〕
1 ）総務省［2017c］2 頁。
2 ）総務省［2017c］8 頁。
3 ）総務省［2017c］9 頁。
4 ）なお，図 5 - 4 は，たとえば総務省［2017a］などの資料などの各種の資料で，同様に確認することができる。
5 ）総務省［2017d］43頁。
6 ）たとえば自治労連［2022a］「『会計年度任用職員』のあなたへ」などを参照されたい。

〔引用・参考文献〕
坂井雅博［2018］「『会計年度任用職員』導入による公務員制度の大転換」『住民と自治』（2018年 5 月号），自治体問題研究所。
今野晴貴・本田由紀［2009］「働く若者たちの現実」遠藤公嗣他『労働，社会保障政策の転換を―反貧困への提言―』岩波書店。
総務省［2009］「臨時・非常勤職員及び任期付短時間勤務職員の任用等について」（総行公第26号）。
―――［2014］「臨時・非常勤職員及び任期付職員の任用等について」（総行公第59号）。
―――［2017a］「資料 1 　各地方公共団体からの意見等」〔地方公務員の臨時・非常勤職員及び任期付職員の任用等の在り方に関する研究会（第 9 回）配付資料〕。
―――［2017b］「地方公務員の臨時・非常勤職員に関する実態調査結果」。
―――［2017c］「地方公務員法及び地方自治法の一部を改正する法律の運用について（通知）」（総行公第87号）。

─── ［2017d］『会計年度任用職員制度の導入等に向けた事務処理マニュアル』（第1版）。

─── ［2017e］『平成28年地方公共団体定員管理調査結果』。

曽我友良 ［2021］「改善図られない会計年度任用職員制度─自治体非正規労働者の現状と課題」『住民と自治』2021年12月号，自治体問題研究所。

地方公務員の臨時・非常勤職員及び任期付職員の任用等の在り方に関する研究会 ［2016］『地方公務員の臨時・非常勤職員及び任期付職員の任用等の在り方に関する研究会報告書』。

戸谷雅治 ［2018］「会計年度任用職員制度の課題」『年報公共政策学』No. 12，北海道大学公共政策大学院。

自治労連 ［2022a］「『会計年度任用職員』のあなたへ」。

─── ［2022b］「『会計年度任用職員』のあなたへ　いまだから聴きたい！2022アンケート」。

第6章
川崎市における社会保障・社会サービスの利用状況
——多摩区住民に対する生活と福祉に関する意識調査

小池 隆生

1．調査の概要

(1) 調査目的

　本章および，引き続き第7章と第8章は，専修大学社会科学研究所2019年度～2021年度特別研究助成「川崎市をフィールドとする産業・労働・生活の現状と課題に関する研究」，および科学研究費補助金「『生活最低限』の地域性と貧困の『農村的性格』を基礎にした貧困対策に関する調査研究」〔基盤研究（B）〕に基づき実施された，「多摩区住民の生活と福祉に関する意識調査」の集計分析結果に基づくものである。

　2019年度より同研究所内で採択された特別研究助成課題として，研究所所員・客員研究員による調査研究を当該3カ年実施してきた。川崎市をフィールドとして，産業，労働，生活という経済・社会の諸側面について相互の連関を意識しつつ，横断的かつ有機的にそれらの課題あるいは地域的課題を明らかにすることを調査研究の目的としてきた。

　今回の調査は，川崎市の多摩区に焦点を絞り，そこでの住民のくらしの諸条件と人びとの意識との関係を明らかにすることを目的に実施したものである。調査目的に応じて設定した大まかな調査項目は，社会保障および社会福祉サービスの利用の有無およびそれらに対する意識，また住民の社会的諸関係（社会ネットワーク）の実態と意識，そして消費の諸実態と意識について

である。そこでの諸実態が住民意識とどのような相互連関を有しているのか。さらに「コロナ禍」（2020年からの新型コロナウイルス感染症拡大）をはさみどのような影響を受けているのか。これらの項目に関する質問を設定しアンケート調査を実施した。

（2）調査方法

　川崎市多摩区住民の生活と福祉に関する意識調査では，対象者の抽出を次のように行った。2020年1月1日時点で20歳以上80歳未満の方を対象として，川崎市多摩区の中でも本学生田キャンパスが所在する生田東地区を調査対象地域に設定した。さらに同地区の特徴が網羅されるように地区内の町字を選び，また行政より公開された地区内の町字ごとの高齢化率および国勢調査結果に基づく男女比を反映させつつ，住民基本台帳閲覧により1012名を無作為に抽出した（層化二段無作為抽出）。

　調査期間は2021年9月第3週からの2週間とし，自記式の調査票を郵送により配布・回収，254名の有効票を回収した（有効回収率25.1%）。

（3）基本属性について

　調査結果から得られた本調査回答者の基本属性は次のとおりである。

　回答者の性別は女性に多く偏りがみられる結果となった（図表6-1-1）。年代別に見ると（図表6-1-2），60～70代で47.3%であった。川崎市により公表されている多摩区の65歳以上人口（4万2278人）の多摩区人口（21万2740人）に占める高齢化率（2020年9月末の住民基本台帳に基づく公表数値）は19.9%であるが，本調査対象地区である生田東地区は高齢化率が多摩区の中では28～35%である町字を複数含んでいる。今回の回答者に占める高齢者割合の相対的高さはこうした事情を背景としている。残る3割強を40～50代，2割弱が20～30代であった。

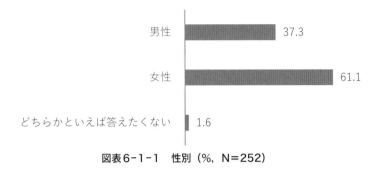

図表6-1-1 性別（％，N＝252）

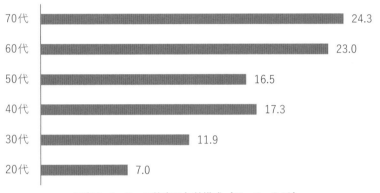

図表6-1-2 回答者の年齢構成（％，N＝243）

　回答者に子どもがいる場合に末子年齢をきいている。回答割合は図表6-1-3のとおりであり，先に見た年齢構成も反映して「子育て真っただ中」という人は回答者割合として小さい。

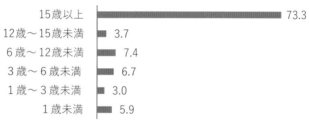

図表6-1-3　末子年齢（%，N＝153）

　職業は図表6-1-4のとおりである。一般会社員がその他も含めると約3割で最多となり，次いで年金生活者が17.8％であった。専門的職業従事者が15.4％，会社経営および役員や管理職を合わせると1割強であり，無業，主婦・主夫を合わせ17％強，日雇い・内職で3.6％であった。

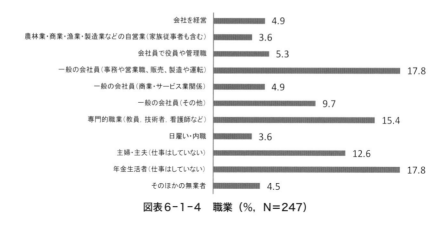

図表6-1-4　職業（%，N＝247）

　回答者の学歴を見ると大卒者が44.8％，次いで多いのが高校卒業で26.2％，短大・専門学校卒（22.2％）がそれに続き，中学校卒業が5.6％となっている（図表6-1-5）。

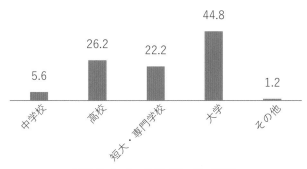

図表6-1-5　学歴（%，N＝252）

　図表6-1-6および図表6-1-7はそれぞれ居住形態と居住期間を表しているが，本調査の回答者に占める持ち家比率は，戸建て，マンション合わせて71.3%であり，「民間賃貸住宅」の26.7%と大きな差をなしている。しかし，若干さかのぼるが総務省による平成18（2006）年「住宅・土地統計調査」結果では，多摩区の持ち家比率は市内各区では最も低く36.4%であり，今回の調査結果は，この点で多摩区住民の地域的特徴と異なる傾向にある。持ち家回答比率の高さとも関わり，居住期間についてみても，20年以上居住している人が全体の42.2%と他の期間を大きく上回る結果となっている。

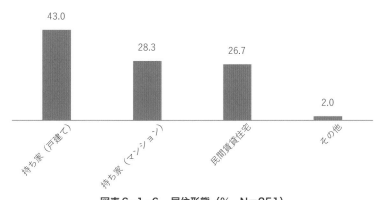

図表6-1-6　居住形態（%，N＝251）

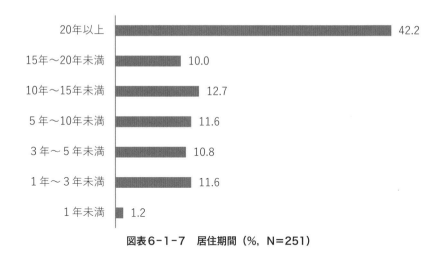

図表6-1-7　居住期間（%，N＝251）

2．社会保障・社会サービスの利用状況と福祉意識

（1）主観的健康観と医療保障の利用

　ここからは，多摩区住民の各種生活条件を中心としたくらしの実態および
それに関係する種々の意識の現状を見ていくことにしよう。まず，住民の「主
観的健康観」について質問した（図表6-2-1）。「どちらかといえば健康で
ある」を含めると主観的に健康であると回答している人が8割を超える。

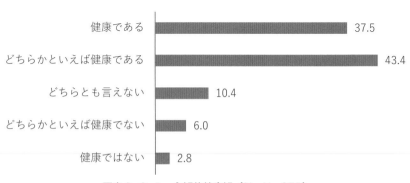

図表6-2-1　主観的健康観（%，N＝251）

　しかし，新型コロナウイルス感染症拡大による心身の影響が大きいと回答した人は「多少はある」「大いにある」合わせて74.2％であった（図表6-2-2）。

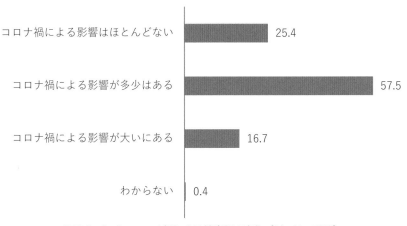

コロナ禍による影響はほとんどない　25.4

コロナ禍による影響が多少はある　57.5

コロナ禍による影響が大いにある　16.7

わからない　0.4

図表6-2-2　コロナ禍による健康観の変化（％，N＝252）

　コロナ禍による健康観の変化について，性別でクロス集計を行った（図表6-2-3）。コロナ禍によって健康観に変化が感じている人は「多少はある」において女性の回答比率が男性を17ポイント強上回っている。それに対して，男性は「ほとんどない」において女性の回答比率を16.6ポイント上回った。

（上段：度数，下段：%）

	ほとんどない	多少はある	大いにある	わからない	合計
女性	30	98	24	1	153
	19.6%	64.1%	15.7%	0.7%	100.0%
男性	34	44	16	0	94
	36.2%	46.8%	17.0%	0.0%	100.0%
どちらかといえば答えたくない	0	3	1	0	4
	0.0%	75.0%	25.0%	0.0%	100.0%

$\chi^2 = 11.397$　p<0.1

図表6-2-3　コロナ禍による健康意識の変化，性別とのクロス集計表

　続いて，普段から定期的に受診している，もしくは体調が悪くなったときにすぐに利用できる医療機関があるかを質問した。77.1％の人が何らかの医療機関を定期的に利用もしくは何かあったら利用できると回答した（図表6-2-4）。さらに，コロナ禍による受診控えなど医療機関の利用行動の変化を尋ねている。

図表6-2-4　利用可能な医療機関の存在（%，N=223）

　コロナ禍によって医療機関の利用しやすさにどのような変化があったのかについては図表6-2-5のとおり，「変化がない」という回答は72.3％である一方で，「受診を控えるようになった」という回答が23.6％であり，およそ4人に1人が医療機関利用を自ら抑制していたことがわかる（図表6-2-5）。

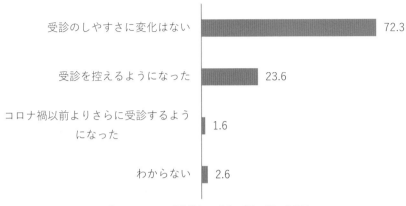

図表 6-2-5　受診控えの有無（%，N＝191）

　川崎市が実施している子どもの医療費（自己負担分）助成制度，「小児医療費助成制度」の認知度合いについて質問を行った（図表 6-2-6）。同制度を「だいたい知っているし（助成対象者として）利用したことがある」と回答した人が19.8%，「知っているが利用したことはない」という回答が22.8%，「知らない」という回答は57.3%であった。

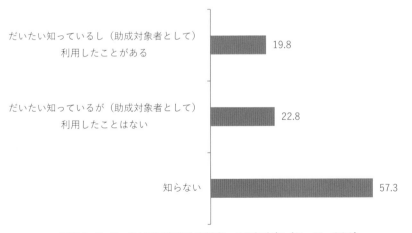

図表 6-2-6　「小児医療費助成制度」の認知有無（%，N＝232）

　また，同制度に対する認知は，性別，年代別に見ると属性による差異がみられる。制度を「知らない」との回答は，男性で68.5％に対して女性では46.9％であり，約20ポイント男性に多い。利用経験はないが知っていると回答した人で見ると，女性の方が約10ポイント高く，利用経験ありという回答では8.5ポイント女性の回答割合が高い結果となっている（図表6-2-7）。

（上段：度数，下段：％）

	知らない	だいたい知っているが （助成対象者として） 利用したことはない	だいたい知っているし （助成対象者として） 利用したことがある	合計
女性	66	37	32	135
	48.9%	27.4%	23.7%	100.0%
男性	63	15	14	92
	68.5%	16.3%	15.2%	100.0%
どちらかといえ ば答えたくない	3	1	0	4
	75.0%	25.0%	0.0%	100.0%

$\chi^2 = 9.638$　$p < 0.05$

図表6-2-7　「小児医療費助成制度」の認知，性別とのクロス集計表

　また同制度の認知の有無を年齢別で見た場合は，高齢者と若年世代で「知らない」が多く，認知しているが利用したことがないという回答割合は年代が上になるほど高くなる傾向がみられた。子育てが現役であるような20・30歳代および40・50歳代では「利用したことがある」がほぼ同じ回答割合となっている（図表6-2-8）。

（上段：度数，下段：%）

	知らない	だいたい知っているが （助成対象者として） 利用したことはない	だいたい知っているし （助成対象者として） 利用したことがある	合計
20・30歳代	26	2	16	44
	59.1%	4.5%	36.4%	100.0%
40・50歳代	35	13	26	74
	47.3%	17.6%	35.1%	100.0%
60・70歳代	65	37	4	106
	61.3%	34.9%	3.8%	100.0%

$\chi^2 = 43.971$　$p \leqq 0.000$

図表6-2-8　「小児医療費助成制度」の認知，年齢とのクロス集計表

（2）子育て・介護サービス

　子育てにかかわる社会資源の利用状況については図表6-2-9のとおり，幼稚園の利用が最も多く（56.2％），ついで認可保育所の利用（27.0％），認可外保育所の利用（4.5％）であった。

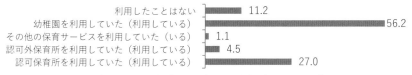

図表6-2-9　保育サービス利用有無（％，N=89）

　介護サービス利用の有無を本人と家族のそれぞれの場合に分けて質問した。本調査の回答者で介護サービスを利用していると回答した人は2.9％，介護は必要なもののサービスを利用していないという回答が1.2％となっている（図表6-2-10）。家族の中で介護サービス利用があるのは18.8％であった（図表6-2-11）。ただし，当該家族が調査回答者と同居しているかどうかは不明である。また調査回答者自身が介護者であるかを質問した（図表6-2-12）。「主な介護者である」とした回答が33.3％，「副介護者である」

とした回答（12.5％）と合わせて45.8％の回答者が何らかの介護の担い手であるという結果となった。

図表6-2-10　回答者自身の介護サービス利用有無（％，N＝231）

注：「『1』『2』以外の外部サービスを利用〜」の「1」「2」はそれぞれ介護保険制度利用による
　　サービス利用及び障害者自立支援法によるサービス利用を指している。

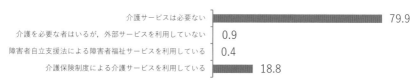

図表6-2-11　家族の介護サービス利用有無（％，N＝229）

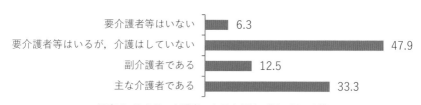

図表6-2-12　介護者であるか否か（％，N＝48）

（3）所得保障

　利用している所得保障を複数回答で，さらにその中で最多受給額であるものを質問した（図表6-2-13）。

　最多受給額が「厚生年金」である回答者が6割である一方，「国民年金」と回答した人も3割に達している（図表6-2-14）。

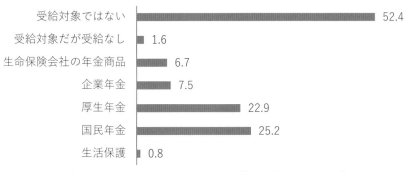

図表6-2-13　利用している所得保障（複数回答％，N＝254）

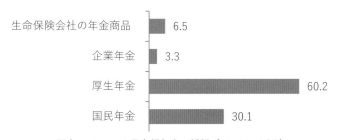

図表6-2-14　最多額年金の種類（％，N＝123）

（4）福祉意識

　老後生活における老齢年金と個人の備えの関係について質問した結果，「公的年金が支えるべき」と回答した人は「どちらかといえば」と回答した人と合わせ8割に及んだ。他方，「個人が備えるべき」という意識を持つ人は「どちらかといえば」と合わせ2割弱であった（図表6-2-15）。

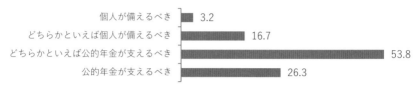

図表6-2-15　老齢年金と個人の備えの関係（％，N＝251）

　老齢年金と個人の備えについて性別と年齢でクロス集計を行った。性別で見ると、「公的年金が支えるべき」では男性が女性の回答を7.7ポイント上回っているが、「どちらかといえば公的年金で支えるべき」では女性の方が男性の回答を16.5ポイント上回っている。「どちらかといえば個人が備えるべき」および「個人が備えるべき」の双方において男性の回答割合が女性の割合を上回っている（図表6-2-16）。年齢別では，統計的有意は見られないものの，年齢が若くなるほど「個人で備えるべき」と回答する割合が高い傾向が若干見て取れる（図表6-2-17）。

　若年世代ほど，年金ではなく個人での備えに傾く意識は，既存の制度への信頼の程度にも左右されていることが考えられる。他方，実際に受給している，ないしはこれまで拠出をそれなりにしてきた中高年世代の「公的年金が

（上段：度数，下段：％）

	公的年金が支えるべき	どちらかといえば公的年金が支えるべき	どちらかといえば個人が備えるべき	個人が備えるべき	合計
女性	36	91	23	3	153
	23.5%	59.5%	15.0%	2.0%	100.0%
男性	29	40	19	5	93
	31.2%	43.0%	20.4%	5.4%	100.0%
どちらかといえば答えたくない	0	4	0	0	4
	0.0%	100.0%	0.0%	0.0%	100.0%

$\chi^2 = 10.782$　$p < 0.1$

図表6-2-16　老齢年金と個人の備えの関係，性別とのクロス集計表

支えるべき」という回答割合の相対的高さは，公的保障への「支持」であり
つつ，現役時の拠出度合いに給付水準が強く左右される業績主義的性格の色
濃い年金制度への支持でもあり，自助意識の一定の顕れととらえることもで
きる。

（上段：度数，下段：％）

	公的年金が支えるべき	どちらかといえば公的年金が支えるべき	どちらかといえば個人が備えるべき	個人が備えるべき	合計
20・30歳代	11	22	10	3	46
	23.9%	47.8%	21.7%	6.5%	100.0%
40・50歳代	21	44	15	2	82
	25.6%	53.7%	18.3%	2.4%	100.0%
60・70歳代	32	62	15	3	112
	28.6%	55.4%	13.4%	2.7%	100.0%

$\chi^2 = 4.857$　$p = 0.847$

図表6-2-17　老齢年金と個人の備えの関係，年齢とのクロス集計表

　こうした業績主義的性格を有する所得保障制度ではなく，保育・介護・障
害者福祉などの公的福祉サービスと費用負担の程度において，住民の福祉意
識を質問している（図表6-2-18）。

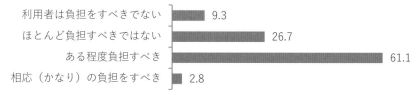

図表6-2-18　公的サービスの費用負担について（％，N＝247）

　保育・介護・障害など公的サービスを念頭におくと，回答者のうち61.1％
が「ある程度負担すべき」と回答した一方で，「ほとんど負担すべきではな
い」が26.7％におよび，「利用者は負担すべきではない」という回答の割合

は9.3％であり，合わせて回答者の36％は自己負担の何らかの軽減を望んでいると見ることができる。

　公的サービスにおける費用負担の意識を性別で見ると，「ある程度負担すべき」で女性の回答割合が男性よりも若干高く，「負担すべきでない」において男性の回答割合が女性を5ポイント弱ほど上回った（図表6-2-19）。

（上段：度数，下段：％）

	相応（かなり）の負担をすべき	ある程度負担すべき	ほとんど負担すべきではない	利用者は負担をすべきでない	合計
女性	4	96	40	11	151
	2.6%	63.6%	26.5%	7.3%	100.0%
男性	2	54	24	11	91
	2.2%	59.3%	26.4%	12.1%	100.0%
どちらかといえば答えたくない	1	1	2	0	4
	25.0%	25.0%	50.0%	0.0%	100.0%

$\chi^2 = 10.739$　$p < 0.1$

図表6-2-19　公的サービスの費用負担，性別とのクロス集計表

　さらに年齢別で見ると，20・30歳代は他の年代よりも，「ほとんど負担すべきではない」が回答として多く，「ある程度負担すべき」が他の年代の回答割合よりも小さい（図表6-2-20）。

（上段：度数，下段：％）

	相応（かなり）の負担をすべき	ある程度負担すべき	ほとんど負担すべきではない	利用者は負担をすべきでない	合計
20・30歳代	3	22	16	5	46
	6.5%	47.8%	34.8%	10.9%	100.0%
40・50歳代	1	52	21	5	79
	1.3%	65.8%	26.6%	6.3%	100.0%
60・70歳代	3	70	29	10	112
	2.7%	62.5%	25.9%	8.9%	100.0%

$\chi^2 = 6.852$　$p = 0.853$

図表6-2-20　公的サービスの費用負担，年齢とのクロス集計表

　次に，公的福祉に対する住民の意識を生活保護の利用からみてみよう。困窮している人はだれでも利用できる生活保護法の一般扶助原則に即した「一般的権利性」を住民がどのようにとらえているのか，「生活保護は，生活に困った時に誰もが平等に利用できる権利であると思いますか」として質問した。図表6-2-21のとおり，権利性が一般的であることを肯定している回答割合が多数である。さらに，住民自ら生活困難に際したとき，生活保護制度を実際に利用するかどうか，個別具体的な場合を想定して利用の有無を質問した（図表6-2-22）。

　一般的には生活保護の利用を肯定しつつ，いざ具体的に自らが利用するかと問われると，「できれば受けたくない」が回答選択肢としては単独で42.2％と最も多く，「受けたくない」が9.2％であった。他方，「できれば受けたい」と「受けたい」を合わせると48.6％が利用を肯定しており，自らにかかわる個別具体的な話としては同制度利用の意識は利用の意向が拮抗した結果となってはいるものの，否定的にとらえる意識が若干上回った。

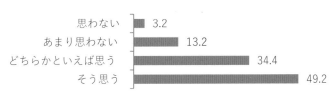

図表6-2-21　生活保護の一般的権利性（%，N＝250）

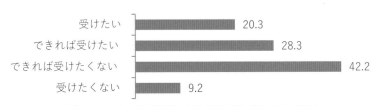

図表6-2-22　生活保護の具体的権利性（%，N＝251）

142

　生活保護制度を個別具体的に利用するのをためらわせる要因として，社会的諸条件が考慮されねばならない。そこで，生活保護を利用することと何らかの権利が制限されることについて住民に質問した。「生活保護を利用している人が，利用していない人より権利を制限されることはやむを得ない」ことだと思うかどうかに対する回答が図表6-2-23である。

図表6-2-23　生活保護利用に際する権利制限はやむを得ない（%，N=252）

　「どちらかといえば思う」（35.3％）「そう思う」（29.4％）　合わせて64.7％の回答割合に制度利用に際し権利制限がやむを得ないという受け止めが表れている。そのことは，「貧しいとか貧困であることは，肩身が狭いとか恥ずかしいことだと思いますか」と尋ねた質問を見た場合，貧困に「恥ずかしい」といったスティグマが伴うものと認識しているという回答において「どちらかといえば」も含めると6割に達していることから，人びとの権利抑制に結びつくことが考えられる（図表6-2-24）。

図表6-2-24　貧困を恥ずかしいと思うかのスティグマの有無について（%，N=248）

　「貧困」のイメージについての質問における複数回答の結果によると，食・住・衣で貧困がイメージされている。余暇の貧困，もしくは社会的関係の希薄さといった項目は下位となる結果であった（図表6-2-25）。

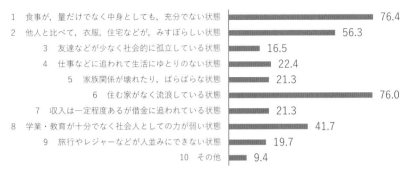

図表6-2-25　貧困のイメージ（複数回答，%，N＝254）

貧困の責任の所在については，「どちらかといえば」を含めると「個人にある」とした回答が55.2%，同じく「どちらかといえば」を含めた「社会にある」との回答は44.8%と，いわゆる「自己責任」と考える人が10ポイントほど多い結果となった（図表6-2-26）。

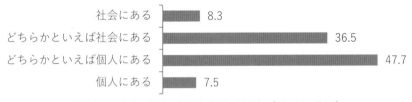

図表6-2-26　貧困の責任をどこに見るか（%，N＝241）

3．小括

本章は，多摩区住民に対するアンケート調査から「社会保障制度・社会福祉サービス」の利用状況を基本集計結果から述べた。本来，各種調査項目から制度の利用状況と，とくに福祉意識にかかわる部分の関係について詳細な分析を実施する予定であったが，筆者が抱えたさまざまな制約のもとそれが

実現しえない形での公表となった。

　社会保障・社会福祉サービスが住民生活に具体的な制度としてどのように展開し，またそれらが浸透しているのかということは，福祉意識の中でも，とりわけ「権利性」のありように影響するという仮説をもって本調査研究を進めてきた。しかし，分析が手つかずとなっている点，および他地域との比較考量を通じて川崎の地域性を析出することは稿を改めて実施することとしたい。

森　啓輔

第7章
川崎市における社会ネットワーク
——多摩区意識調査からの考察

1．はじめに

　本章は，川崎市多摩区東部に居住する人びとのつながりについて考察する
ものである。1927年に小田原急行鉄道が向ヶ丘遊園を開園し，同年には小
田急線と南武線が開通したことで，現在の多摩区の基盤が作られることと
なった。戦後の高度経済成長期には，膨張する東京圏の市街化の影響が隣接
する神奈川県にも及んだ（今野［2010］）。その影響は川崎区を中心とした
川崎市東南部だけではなく，西北部の多摩区にも及んだ。1962年に東生田，
1972年に南生田，西菅土地区画整理事業が開始され，住宅地開発が進めら
れた（川崎市［2019：11］）。主として農村地域だった川崎市多摩区は，戦
後に日本住宅公団による巨大な団地造成や，三井不動産や有楽土地などの民
間企業による宅地造成をとおして都市化を迎えた（「多摩区地域史」編纂委
員会［1993：275］）。多摩区はまた，新宿，川崎，町田，立川駅などの主
要な駅へのアクセスも良く（川崎市［2019：17］），近くを多摩川が流れ，
生田緑地（1941年成立）などに代表される緑豊かな自然環境を有している
場所でもある。そのなかでも多摩区東部は，向ヶ丘遊園駅と専修大学生田
キャンパスの周辺であり，新宿などの東京都心への通勤・通学の便が良い立
地である。

　上記のような特徴を持つ多摩区東部において，居住者はどのような組織や

個人と社会的な関係を構築しているのだろうか。本章では以下，当該地域の調査結果[1]に基づきながら，（1）組織や個人に対しての信頼度，（2）相互扶助意識，（3）日常生活において頼れる先，（4）個人的つながり，（5）諸変数が性別に与える効果に注目しながら論じていく。

2．組織や個人に対しての信頼度

「多摩区住民の生活と福祉に関する意識調査」（以下，多摩区東部調査，巻末資料１参照）の問18では，人びとや制度機関に対する信頼度について，「あなたは，次の人びとを信頼できると思いますか」と問うた（問18 a-g）[2]。各設問に対する回答の記述統計は以下のとおりである（図表7－1）。回答の平均を比較すると，（b）家族・親戚と（d）友人・知人設問で平均値が高い傾向が見られた一方，（f）見知らぬ人に対する信頼の平均値は低い傾向にあった。他方，（a）ほとんどの人，（c）近所の人びと，（e）職場の同僚，（g）市町村役場の職員や警察官などの公務員は，回答の平均値が中央値の「ある程度信頼できる」に近い。公的な場で出会う人びとや公的機関に対しては，漠然とした信頼感を回答者は持っている傾向にあるといえる。

図表7－1　人や制度機関に対する信頼度　記述統計

	N	平均値	標準偏差	中央値	最小値	最大値
(a) ほとんどの人	236	2.7	0.64	3	1	4
(b) 家族・親戚	239	4.1	0.75	4	1	5
(c) 近所の人びと	239	3.0	0.72	3	1	5
(d) 友人・知人	242	3.7	0.70	4	2	5
(e) 職場の同僚	171	3.2	0.83	3	1	5
(f) 見知らぬ人	240	2.0	0.74	2	1	4
(g) 市町村役場の職員や警察官などの公務員	243	3.2	0.72	3	1	5

　上記回答の背後に共通の因子が見出されるかを確認するため，問18の回答に対して探索的因子分析を行ったところ，固有値１以上の２つの因子が抽

出された（図表7-2）。1つめの因子は，ほとんどの人，見知らぬ人，近所の人びとの負荷量が多く，「社会一般に対する信頼志向」と呼べる。2つめの因子は，家族・親戚や友人・知人，職場の同僚の負荷量が多い「個人的信頼志向」である。「社会一般に対する信頼志向」因子と「個人的信頼志向」因子間には正の相関がある（$r = 0.660$）。これは，社会一般に対する信頼志向が強い回答者ほど，個人的なつながりに対する信頼も厚いことを示唆している。

図表7-2　人や制度機関に対する信頼度の設問回答の因子分析
（最尤法・プロマックス回転）（N＝161）

	社会一般に対する信頼志向	個人的信頼志向
(a) ほとんどの人	0.922	−0.132
(f) 見知らぬ人	0.793	−0.099
(c) 近所の人びと	0.443	0.354
(b) 家族・親戚	0.196	0.841
(d) 友人・知人	0.044	0.758
(e) 職場の同僚	0.320	0.431
(g) 市町村役場の職員や警察官などの公務員	0.250	0.394
因子間相関	0.660	
固有値	3.50	1.04
因子寄与率	26.8	25.3

3．相互扶助意識

同調査の問19では，回答者の相互扶助意識について，「あなたは，次の人びとが困っているときに助け合うことは『お互い様だ』と思いますか」と5件法で問い，回答を得た（問19 a-f）。各設問の記述統計は以下のとおりである（図表7-3）。回答の平均を比較すると，(b) 家族・親戚などの血縁関係者との間に，相互扶助意識が最も醸成されている傾向が見てとれる。また，(d) 友人・知人や (e) 職場の同僚，(c) 近所の人びとに対する相互扶助意識の平均値が高い傾向にあった。他方，(a) ほとんどの人の平均値は中

央値に近く，(f) 見知らぬ人の平均値は相対的に低い。問18同様に，問19
においても，顔を知らない人びとに対しての相互扶助意識は低い傾向にある
ことがわかった。

図表7-3　相互扶助意識　記述統計

	回答者数	平均値	標準偏差	中央値	最小値	最大値
(a) ほとんどの人	243	3.15	0.83	3	1	5
(b) 家族・親戚	244	4.36	0.74	5	2	5
(c) 近所の人びと	243	3.45	0.82	3	1	5
(d) 友人・知人	242	3.92	0.80	4	2	5
(e) 職場の同僚	171	3.67	0.87	4	2	5
(f) 見知らぬ人	243	2.69	0.98	3	1	5

　続いて問19の回答に対して探索的因子分析を行ったところ，固有値1以
上の2つの因子が抽出された（図表7-4）。1つめの因子は，(a) ほとんど
の人，(f) 見知らぬ人，(c) 近所の人びとの負荷量が多く，「社会的相互扶
助意識」因子と呼べる。2つめの因子は，(d) 友人・知人，(b) 家族・親
戚や (e) 職場の同僚の負荷量が多い「個人的相互扶助意識」因子である。「社
会的相互扶助意識」因子と「個人的相互扶助意識」因子間には正の相関が見
られる（$r=0.617$）。これは，社会一般に対する相互扶助意識が強い回答者
ほど，個人的なつながりに対する相互扶助意識も高いことを示唆している。

図表7-4　相互扶助意識についての設問回答の因子分析
（最尤法・プロマックス回転）（N ＝171）

	社会的相互扶助意識	個人的相互扶助意識
(a) ほとんどの人	0.917	−0.110
(f) 見知らぬ人	0.898	−0.072
(c) 近所の人びと	0.679	0.213
(d) 友人・知人	−0.043	0.936
(b) 家族・親戚	−0.100	0.822
(e) 職場の同僚	0.367	0.566
因子間相関	0.617	
固有値	3.78	1.06
因子寄与率	37.2	32.8

4．日常生活において頼れる先

　同調査の問20では，コロナ禍前（2019年）とコロナ禍の最中（2020年）で，日常生活の個人的な問題や心配事について頼れる先について質問した（図表7-5）。単純集計の結果は以下のとおりである。回答群の中では，(k) 家族を頼れる先と回答した割合が最も多く（2019＝75.3％，2020＝78.5％），(b) 学校・病院などの専門機関（2019＝55.0％，2020＝56.0％），(l) 親戚（2019＝38.2％，2020＝39.9％），(m) 友人・知人（2019＝36.7％，2020＝39.2％）がこれに続いた（とても頼りにする＋頼りにする回答の合計）。他方で，最も頼れない対象は (g) 宗教組織であり（2019＝80.9％，2020＝81.2％），(d) 政党・政治家（2019＝72.3％，2020＝72.6％），(e) 地縁団体（2019＝56.9％，2020＝55.7％），(j) 近所の人びと（2019＝53.9％，2020＝54.7％）がこれに続いた（まったく頼りにしない＋ほとんど頼りにしない回答の合計）。

　次に，問20の2019年と2020年の値が，統計的に有意に差があるかを分析するために，対応のあるT検定（両側検定）を行った。結果から条件間に有意な差が得られたのは，(d) 政党，政治家（$t(227)=2.16$, $p=0.03$, $d=0.14$），そして (k) 家族への信頼度（$t(229)=2.21$, $p=0.03$, $d=0.15$）である。Cohen の d の効果量は両方とも小さいものの（$d<0.20$），政党や政治家への2020年における信頼度は2019年との比較では低下し，他方家族への信頼度は上昇していることがわかる。これは，コロナ禍における，政治の現状への対策のあり方に対する信頼の低下と，地域や友人との交流が難しくなっていた隔離状況において，頼れる対象が家族となっていたことを示唆している。

　回答に性別による差はあるだろうか。問20（2020年）の回答の平均を性別グループごとに分析すると，女性グループは男性グループと比較して，家族や職場の同僚などに信頼を置いている一方，その他のスコア平均は学校，

図表7-5　日常生活の個人的な問題や心配事について頼れる先
2020年&2020年　単純集計結果

		まったく頼りにしない	ほとんど頼りにしない	ある程度頼りにする	頼りにする	とても頼りにする	有効回答合計
(a) 市区町村役場	2019	18 7.5%	44 18.3%	**96** **40.0%**	70 29.2%	12 5.0%	240 100.0%
	2020	16 7.0%	40 17.4%	**90** **39.1%**	69 30.0%	15 6.5%	230 100.0%
(b) 学校, 病院などの専門機関	2019	11 4.6%	18 7.5%	79 32.9%	**103** **42.9%**	29 12.1%	240 100.0%
	2020	13 5.6%	14 6.0%	75 32.3%	**93** **40.1%**	37 15.9%	232 100.0%
(c) 警察	2019	19 7.9%	44 18.4%	**93** **38.9%**	61 25.5%	22 9.2%	239 100.0%
	2020	17 7.5%	43 19.0%	**88** **38.9%**	61 27.0%	17 7.5%	226 100.0%
(d) 政党, 政治家	2019	76 31.4%	**99** **40.9%**	58 24.0%	7 2.9%	2 0.8%	242 100.0%
	2020	**89** **38.7%**	78 33.9%	51 22.2%	10 4.3%	2 0.9%	230 100.0%
(e) 地縁団体(町内会, 自治会など)	2019	36 15.1%	**100** **41.8%**	76 31.8%	21 8.8%	6 2.5%	239 100.0%
	2020	44 19.1%	**84** **36.5%**	76 33.0%	19 8.3%	7 3.0%	230 100.0%
(f) ボランティア, 非営利組織(NPO), 市民団体	2019	47 20.1%	**88** **37.6%**	75 32.1%	22 9.4%	2 0.9%	234 100.0%
	2020	49 21.4%	**84** **36.7%**	69 30.1%	20 8.7%	7 3.1%	229 100.0%
(g) 寺や教会などの宗教組織	2019	**125** **51.9%**	70 29.0%	33 13.7%	13 5.4%	0 0.0%	241 100.0%
	2020	**126** **55.0%**	60 26.2%	31 13.5%	12 5.2%	0 0.0%	229 100.0%
(h) 職場の雇い主	2019	41 20.3%	42 20.8%	**77** **38.1%**	36 17.8%	6 3.0%	202 100.0%
	2020	43 22.3%	38 19.7%	**65** **33.7%**	36 18.7%	11 5.7%	193 100.0%
(i) 職場の同僚	2019	27 13.3%	54 26.6%	**75** **36.9%**	42 20.7%	5 2.5%	203 100.0%
	2020	26 13.4%	52 26.8%	**69** **35.6%**	41 21.1%	6 3.1%	194 100.0%
(j) 近所の人びと	2019	39 16.3%	**90** **37.7%**	88 36.8%	19 7.9%	3 1.3%	239 100.0%
	2020	41 17.7%	**86** **37.1%**	79 34.1%	21 9.1%	5 2.2%	232 100.0%
(k) 家族	2019	4 1.6%	8 3.3%	48 19.8%	85 35.0%	**98** **40.3%**	243 100.0%
	2020	4 1.7%	5 2.1%	41 17.6%	76 32.6%	**107** **45.9%**	233 100.0%
(l) 親戚	2019	23 9.5%	32 13.3%	**94** **39.0%**	67 27.8%	25 10.4%	241 100.0%
	2020	24 10.3%	34 14.6%	**82** **35.2%**	67 28.8%	26 11.2%	233 100.0%
(m) 友人, 知人	2019	10 4.2%	48 20.0%	**94** **39.2%**	68 28.3%	20 8.3%	240 100.0%
	2020	7 3.0%	45 19.4%	**89** **38.4%**	67 28.9%	24 10.3%	232 100.0%

注：項目ごとに最も割合が高かった数値を太字で記した。

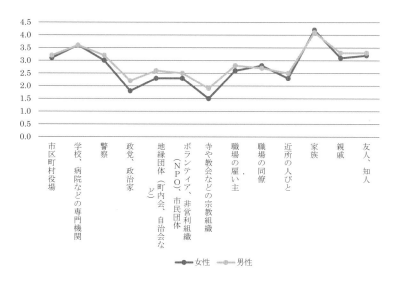

図表 7-6　性別ごとの頼れる先　コロナ最中の設問回答（2020年）の男女平均比較

病院などの専門機関を除いて，男性よりも低くなっている（図表7-6）。

　次に，問20の回答（2020年）に対して探索的因子分析を行ったところ，固有値1以上の3つの因子が抽出された（図表7-7）。1つめは，地縁団体，ボランティア・NPO・市民団体，寺や教会などの宗教組織，近所の人びとなどを頼れる先とする「地域団体とのつながり」因子である。2つめは，職場の同僚，友人・知人，職場の雇い主を頼れる先とする「職場や友人とのつながり」因子である。第2因子は，学校・職場などにおいて毎日出会うことで醸成される信頼に基づく社会関係資本であると言える。3つめは学校・病院などの専門機関，市区町村役場，警察などの「公共施設・機関とのつながり」因子である。第3因子は，公共サービスを享受する際に接触する社会関係資本であると言える。「地域団体とのつながり」因子と「職場と友人とのつながり」因子間（$r=0.605$），「地域団体とのつながり」因子と「公共施設・機関とのつながり」因子間（$r=0.620$），「職場や友人とのつながり」因子と「公共施設・機関とのつながり」因子間（$r=0.660$）には，それぞれ正

の相関がみられる。また，内的整合性を検討するために Cronbach の α 係数を算出したところ，「地域団体とのつながり」因子で α＝0.84，「職場と友人とのつながり」因子で α＝0.83，「公共施設・機関とのつながり」因子で α＝0.83と十分な値が得られた。

図表7-7　頼れる先，コロナ最中（2020年）因子分析
（最尤法・プロマックス回転）（N＝174）

	地域団体とのつながり	職場や友人とのつながり	公共施設・機関とのつながり
(e) 地縁団体（町内会，自治会など）	0.904	−0.077	0.023
(f) ボランティア，非営利組織（NPO），市民団体	0.750	−0.089	0.130
(g) 寺や教会などの宗教組織	0.711	−0.020	−0.121
(d) 政党，政治家	0.563	0.030	0.077
(j) 近所の人びと	0.497	0.375	−0.062
(i) 職場の同僚	−0.019	1.085	−0.214
(h) 職場の雇い主	0.098	0.755	−0.044
(m) 友人，知人	−0.147	0.667	0.093
(l) 親戚	0.130	0.327	0.140
(k) 家族	−0.036	0.309	0.253
(b) 学校，病院などの専門機関	−0.162	−0.034	0.979
(a) 市区町村役場	0.181	−0.102	0.755
(c) 警察	0.111	0.055	0.619
因子間相関：職場や友人とのつながり	0.605		
公共施設・機関とのつながり	0.620	0.660	
固有値	5.76	1.54	1.13
因子寄与率	20.3	18.9	15.6

　さらに，性別による因子の差を考察するために，男性，女性ごとに上記3因子の因子得点の平均を算出した（図表7-8）。回答者においては，男性グループのほうが「地域団体とのつながり」と「職場や友人とのつながり」因子の平均値が高かった。これは，男性グループのほうが，女性グループよりも地域団体や職場と友人とのつながりを頼りにしている傾向があることを示している。また，公共機関に頼る因子では，男女差は見られなかった。

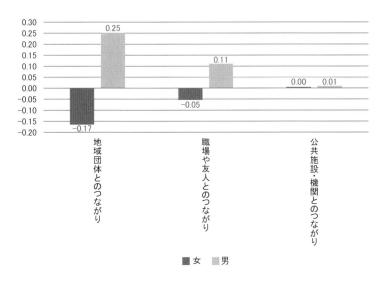

図表 7-8　性別ごとの頼れる先因子得点（2020年）の平均比較

5．個人的つながり

　同調査の問22では，回答者の最も親しい人の現在の居住地について質問
し回答を得た（N＝254）。回答者には最大 5 人の親しい人の居住地を質問
した。回答で得られたそれら人びとの総数は992人だった。回答者の平均友
人数は4.25人（標準偏差＝1.59，最小値＝ 0 ，最大値＝ 5 ）だった。調査
地内に居住する親しい人の居住地は，以下のとおりである（図表 7 - 9 ）。回
答者の居住地内に居住する親しい人は278人で，友人全体における割合は
28.0％だった。他方，回答者の親しい人の72.0％は調査地外に居住してい
ることがわかった。
　図表 7 -10は，調査地外に居住する回答者の親しい人の総計を表している。
結果から調査地外に居住する親しい人の74.5％が，神奈川県と東京都に居
住していることがわかった。次いで千葉県，埼玉県，福島県，長野県が多く，

図表7-9　最も親しい人が住む場所の総計　調査地内

居住地	人数	%
東生田	138	49.6%
桝形・東三田	59	21.2%
登戸	81	29.1%
調査地域合計	278	100%（28.0%）
調査地外合計	714	（72.0%）
合計	992	（100%）

注：括弧内％は全数の割合。

　その他の都道府県と海外が続いた。調査地内の親しい人を含めた回答者の全ての親しい人を合計すると，およそ6割（58.1％）が調査地を含む神奈川県に居住しているということが明らかになった。また，東京都を含めると約8割（81.7％）に及び，神奈川県と東京都に親しい人の居住地域が集中していることがわかった。この結果が示唆するのは，親しい友人は相対的に近接地域に居住しているということである。

　理由として，回答者の親交関係は地縁的なものよりも，むしろ都市的な交通インフラを媒介し，行き来が可能な社会関係に埋め込まれていることが推測される。これは，多摩区東部が東京都23区や東京都，神奈川県の他の地域に移動可能な公共交通インフラと近接していることとも関わっていると推察される。多摩区が2022年に行った調査[3]（川崎市多摩区役所まちづくり推進部企画課［2023］）では，非通勤・非通学者と無回答者を除いた値のうち，48.0％が東京都内，47.8％が神奈川県内へと通勤・通学していた。この傾向からも，回答者は，通勤・通学を通して個人的なつながりを形成していることがここで示唆される。調査地域内の居住者の個人的なつながりは，調査地内よりも調査地外との接点を多く持つ傾向があるということだ。

　親しい人との関係性は，年齢や性別とどのように連関しているのか。これを明らかにするために，次に親しい人の有無[4]，年齢（20～30代，40～50代，60代以上に層化），性別（基準＝女性），の3変数間の連関構造を検討するために，対数線型モデルによる分析を行った。基準セルを「20～30代で親

図表7-10　最も親しい人が住む場所の総計　調査地外

都道府県名	人数	%	都道府県名	人数	%
神奈川県	298	41.7%	栃木県	4	0.6%
東京都	234	32.8%	海外	4	0.6%
千葉県	31	4.3%	茨城県	4	0.6%
埼玉県	26	3.6%	静岡県	4	0.6%
福島県	12	1.7%	香川県	4	0.6%
長野県	10	1.4%	奈良県	3	0.4%
兵庫県	7	1.0%	山梨県	3	0.4%
京都府	6	0.8%	広島県	3	0.4%
北海道	6	0.8%	滋賀県	2	0.3%
宮城県	6	0.8%	宮崎県	1	0.1%
山形県	6	0.8%	岐阜県	1	0.1%
秋田県	6	0.8%	岡山県	1	0.1%
大阪府	5	0.7%	島根県	1	0.1%
愛知県	5	0.7%	愛媛県	1	0.1%
青森県	5	0.7%	熊本県	1	0.1%
不明	4	0.6%	福岡県	1	0.1%
岩手県	4	0.6%	群馬県	1	0.1%
新潟県	4	0.6%	合計	714	100%

しい人のいない女性回答者」としたうえで，主効果と交互作用効果の推定を行った。

　初めに，飽和モデルと独立モデルを算出し，両モデルの適合度について逸脱度の差に基づく尤度比検定を行ったところ，独立モデルのほうが適合度が高いことが示された（$\chi^2(7)=15.931$, $p<0.05$）。また飽和モデルにおいて，適合度を測定する指標である赤池情報量規準（AIC）とベイズ情報量規準（BIC）はそれぞれ AIC＝73.330，BIC＝128.180，独立モデルにおいては AIC＝75.260，BIC＝98.115であり，AIC においては飽和モデルの相対的な適合の高さが示されたが，BIC を含め総合的には相対的に独立モデルのほうが適合的であった。上記の結果から，独立モデルを最良モデルとして採択した（図表7-11）。以下の表は母数の推定結果を示している。

　性別の主効果については $\alpha_{男}＝-0.504$ であり，0.1％水準で統計的に有意な差が見られた。女性に比較して，男性の主効果が小さい傾向がうかがえた。

図表7-11　年齢・性別・親しい人数の対数線型モデル
（N＝239）：最良モデルの母数推定値

母数	推定値	標準誤差
μ	1.391***	0.223
$\alpha_{男}$	−0.504***	0.134
$\beta_{40\sim50}$	0.598**	0.188
$\beta_{60以上}$	0.961***	0.177
$\delta_{親友あり}$	1.763***	0.183

* $p<0.05$, ** $p<0.01$, *** $p<0.001$

年代の主効果については $\beta_{40\sim50}=0.598$, $\beta_{60以上}=0.961$であり, それぞれ 1％水準と0.1％水準で有意だった。20～30代を基準とすると, 40～50代, 60代以上と年齢層が上がるにつれて, 主効果が増加する傾向が見られた。 親しい人の有無の主効果については, $\delta_{親友あり}=1.763$であり0.1％水準で有 意であった。親しい人なしを基準とすると, 親しい人ありの回答者のほうが 主効果が高いことが示された。分析をまとめると, 20～30代女性を基準と すると, 男性よりも女性であるほうが, 親しい人が増える傾向にある。また, 年齢が上がるほど, 親しい人の数も増える傾向があることがわかった。

6．職業, 学歴, 町内会活動, 市民活動, 親しい人の数が性別に与える効果

さらに, 職業, 学歴, 町内会活動, 市民活動, 個人的なつながりが, 性別 に与える効果について明らかにするために, ロジスティック回帰分析を行っ た（図表7-12）。従属変数は性別ダミー（男＝1）, 独立変数は, 親友数[5], 年齢（階層化）, 学歴ダミー[6], 職業ダミー[7], 集団参加の有無（市民活動 ダミー[8], 地域活動ダミー[9]）である。Hosmer-Lemeshow の適合度検定の 結果, モデルの当てはまりの良さが示唆された（$\chi^2(8)=3.471$, n.s.）。

独立変数について5％水準で有意だったのは, 「年齢」, 「無職」変数であ り, 男女差に影響を与えることがわかった。「年齢」が高ければ男性である オッズは, 女性である場合の1.31倍であった。また, 「無職」（無職の主婦・

年金受給者・その他の無職）であれば男性であるオッズは，女性である場合の0.42倍であった。また「会社経営」も10％水準で有意であり，会社経営者であれば，男性であるオッズは女性である場合の3.45倍になる。以上から明らかになるのは，年齢層が高く，会社経営者であれば男性である傾向が高く，無職や年金受給者であれば女性の傾向が強いということだった。他方，親しい人の数や市民活動や地域活動は，男女の差を説明する独立変数とは見なされなかった。

図表7-12　性別を従属変数としたロジスティック回帰分析（N＝214）

	非標準化推定値	標準誤差	オッズ／オッズ比
切片	−1.037	0.969	0.355
親しい人数	−0.017	0.172	0.983
年齢（階層化）	0.267*	0.119	1.306
学歴（短大・専門学校以上）	−0.368	0.354	0.692
会社経営	1.239+	0.677	3.454
自営	0.749	0.811	2.114
管理	0.838	0.671	2.311
無職（無職の主婦・年金受給者・その他の無職）	−0.860*	0.431	0.423
専門	−0.347	0.479	0.707
日雇い・内職	−0.802	0.892	0.448
市民活動	−0.777	0.507	0.460
地域活動	−0.431	0.783	0.650
AIC	279.4		
BIC	319.8		
Nagelkerke の R^2	0.147		

$+ p < 0.1, * p < 0.05, ** p < 0.01, *** p < 0.001$

7．まとめ

本章では，多摩区東部調査の調査結果に基づきながら，（1）組織や個人に対しての信頼度，（2）相互扶助意識，（3）日常生活において頼れる先，（4）個人的つながり，（5）諸変数が性別に与える効果に注目しながら考察

してきた。

　分析により以下のことが明らかになった。第一に，調査地域の人びとは，社会一般に対するよりも，個人的なつながりに信頼を寄せている傾向にあるということであった（第2節）。第二に，相互扶助意識についても，社会的な相互扶助意識よりも，職場や家族や知人などとの個人的相互扶助意識が高いことが明らかになった（第3節）。第三に，コロナ禍前と最中で，信頼できる諸機関への意識は相対的にはそれほど変わらなかったものの，政党や政治家への信頼度の低下と，家族への信頼度の上昇が観測された。また男女の性別ごとに信頼できる諸機関の差異が見られた。具体的には，男性のほうが女性よりも，「地域団体とのつながり」と「職場と友人とのつながり」を信頼している傾向が示された（第4節）。第四に，個人的なつながりについてより踏み込んで分析した結果，調査対象者の親しい人の多くは，調査地外の神奈川県と東京都に居住していることが明らかとなった。20〜30代女性を基準とすると，男性よりも女性のほうが親しい人が増える傾向が示された。また年齢層が上がるほど，男女ともに親しい人の数も増える傾向が示された（第5節）。最後に，職業や学歴，町内会活動や市民活動，親しい人が，男女の性別に与える効果について分析した。分析の結果，年齢層が高く，会社経営者であれば男性である傾向が高く，他方無職や年金受給者であれば女性である傾向が示された（第6節）。

　本調査で明らかとなったのは，調査対象者の社会的ないし団体とのつながりよりも，個人的なつながりに対する信頼や相互扶助意識の強さであり，また調査地をこえた人びととのつながりの強さであった。これらは，職業や性別や年齢を媒介しながらさまざまな形で形成されているのであった。本論の限界もある。人びとの個人的なつながりやこれに対する信頼について明らかにできた一方，地域内のつながりについては調査結果では明らかにすることができなかった。この限界を乗り越える形でのさらなる調査が求められる。

〔注〕
1）第6章冒頭の「調査の概要」を参照されたい。調査票については巻末資料1に掲載。
2）「まったく信頼できない（1点）」「ほとんど信頼できない（2点）」「ある程度信頼でき
　　る（3点）」「信頼できる（4点）」「とても信頼できる（5点）」の5件法で質問し回
　　答を得た。分析に際しては，R の GProtation パッケージを使用した（Bernaards and
　　Jennrich, 2005）。問18-e については，「職場に同僚がいない・仕事をしていない」の
　　追加の選択肢を調査表に含めていたが，分析に際しては除外した。
3）多摩区在住の18歳以上の男女個人（外国人を含む）を対象に，住民基本台帳に基づ
　　く層化二段無作為抽出法を用いたもの。N＝870（回収率43.5％）。
4）親しい人の数の集計結果を，親しい人の有無のバイナリ変数に変換した。
5）親友数は0を除いたものを投入した。
6）「中卒・高卒」と「短大・専門学校・大学・大学院卒」を二値として分類した。
7）職業分類はダミー変数に変換してから投入した。「無職」変数は，「無職の主婦・年金
　　受給者・その他の無職」の選択肢を，また「一般」変数は「一般サービス・一般事務販
　　売・一般その他」の選択肢を結合して作成した。ただし，分析においては「一般」「専門」
　　「無職」変数の間に多重共線性が疑われたため，「一般」変数を除外した。
8）市民活動団体 NPO 法人，任意のボランティア団体といった市民活動団体の会員に現
　　在なっているか，過去になっていたか，否か（政治活動・宗教活動は除く）の回答を，
　　現在＆過去になっていた／否の二値として分類した。
9）民生・児童委員，保護司・更生保護女性会，行政相談委員，人権擁護委員，消防団員，
　　交通指導員の活動を現在行っているか否かについての回答を全て足し合わせた合成変数
　　を作った後，活動あり／なしの二値として分類した。

〔参考文献〕
川崎市，2019，『川崎市都市計画マスタープラン多摩区構想』。
川崎市多摩区役所まちづくり推進部企画課，2023，『令和四年度多摩区区民意識アンケー
　　ト調査報告書』。
今野裕昭，2010，「産業構造の転換と川崎の都市開発──郊外化から再都心化の時代へ」，
　　宇都榮子・柴田弘捷・今野裕昭・広田康生・大矢根淳著，2010，『周辺メトロポリスの
　　位置と変容』専修大学出版局，1-47。
「多摩区地域史」編集委員会，1993，『川崎市多摩区の歴史──多摩　OLD&TODAY』川
　　崎市多摩区役所。
Bernaards, C. A. and Jennrich, R. I., 2005. "Gradient Projection Algorithms and
　　Software for Arbitrary Rotation Criteria in Factor Analysis." *Educational and Psy-
　　chological Measurement*, 65：676-696.

第8章
川崎市の SDGs の取組みと
倫理的消費の実態

鈴木 奈穂美

1．本章の背景と目的

　地球環境の異変，資源の枯渇，世界情勢の不安定化にともなう労働環境や生活環境の悪化と格差社会の深刻化が指摘されるなか，2011年に社会構造の変革を目指すドーナツ経済学がラワースによって提起された。このドーナツ経済学を示した図は，国連の持続可能な開発目標（以下，SDGs という）の最終草案が練られた際にも，持続可能な世界のイメージを共有するために使用された（Raworth ［2017＝2021：40］）。ドーナツ経済学は，「この惑星の限りある資源の範囲内で，すべての人が人間的な生活を営めるようにする（同前42）」という目標を達成するため，成長ではなく，「繁栄をもたらす経済（同前47）」を，ローカルにおいても，グローバルにおいても実現するための理論である。

　SDGs は，「誰一人取り残さない（United Nations ［2015］）[1]」という基本理念に基づき，環境，社会，経済の調和を目指したものである。SDGs は，地球環境の制約を前提に，サプライチェーンや地域住民の人権を保障しながらおこなう経済活動を，生産者にも，消費者にも求めている。このような動きに呼応する形で，近年，「倫理的市場」モデルに基づいた研究（畑山［2016］）や倫理的消費（エシカル消費）に関する研究（Barnett et al.［2005］，Fei et al.［2022］，渡辺［2016］など）が進められているところ

である。

　日本国内を見渡すと，SDGs の推進は，ローカルレベルでも積極的におこなわれている。たとえば，川崎市は SDGs 未来都市に選定され，市をあげてSDGs の推進に積極的に取り組んでいる。

　以上のような現状をふまえ，本章では，川崎市で実施したアンケート調査を用いて倫理的消費行動の規定要因について分析することを目的とする。倫理的消費は広範な概念であることから，本章では，衣類購入時の自然環境への配慮行動に注目して分析を進める。構成は，次節で倫理的消費の定義をおこない，第3節では，SDGs 未来都市としての川崎市の取組みをみていく。第4節では，アンケート調査を用いて，衣類購入時に自然環境への配慮を重視した消費行動を決定する要因を分析し，第5節では，今後の課題を指摘する。

2．倫理的消費とは何か

（1）倫理的消費研究会報告書にみる倫理的消費に対する考え方

　消費者庁が策定した第3期消費者基本計画（2015年3月24日閣議決定）では，自然環境への配慮，被災地の復興，開発途上国の労働者の生活改善等の社会課題に貢献する商品・サービスの選択・消費に対し関心が高まる中，社会的課題に配慮した消費や持続可能なライフスタイルへの理解の促進が求められている。このような社会課題に貢献する消費を「倫理的消費（エシカル消費）」もしくは「持続可能な消費」と呼ぶ。

　倫理的消費やより公正な取引の促進を含む持続可能なライフスタイルへの理解を得るため，消費者庁は，2015年5月，「倫理的消費」調査研究会（以下，倫理的消費研究会という）を設置した。本節では，倫理的消費研究会がまとめた報告書をもとに，倫理的消費の考え方を整理していく。

　倫理的消費は，正義や公正の実現につながる消費行動であり，倫理的消費研究会では「地域の活性化や雇用なども含む，人や社会・環境に配慮した消

費行動」と定義する（消費者庁［2019：196］）。倫理的消費には，①人への配慮，②社会への配慮，③環境への配慮，④地域への配慮，⑤動物への配慮の 5 領域からなる（「倫理的消費」調査研究会［2017：4］）。倫理的消費の具体的手段には，地産地消，被災地産品の応援消費，障がい者支援につながる消費，フェアトレード商品，寄付付き商品，エコ商品，リサイクル製品，資源保護等に関する認証付き商品（森林保全，海洋資源の保全）の消費，地域の伝統品の消費，動物福祉につながる消費などがある。2016 年 4 月の電力の小売全面自由化や，2017 年 4 月のガス小売全面自由化により，エネルギー消費の選択肢が増えたことで，再生可能エネルギーの利用やエネルギーの地産地消など，エネルギーを通じた倫理的消費の実践も生まれている（同前 8）。

　また，倫理的消費研究会では，倫理的消費の意義を，消費者，事業者，行政の視点から整理している（同前 7 – 12）。消費者の視点からみた倫理的消費の意義は 3 点ある。第 1 は，倫理的消費が，各自の考えに基づき，日常的な消費行為を通じて社会課題の解決に資することができる点である。第 2 は，消費の意思決定の際，安全・安心，品質，価格といった既存の尺度に，倫理的消費という第四の尺度が提供されることで，よりよい社会づくりへの貢献に価値を見出し，消費者の主観的満足度が高まる点を挙げている。第 3 は，倫理的消費が，消費者市民社会[2)]の形成に寄与できる点である。消費者市民社会の形成は，消費者教育推進法にも規定されているものの，具体的なイメージ，意識，行動がわかりにくいと言われている。そこで，倫理的消費が消費者市民社会の形成に向けた具体的な行動を明確にし，消費者教育の実践につながる。

　次に，事業者が消費者の倫理的消費に応えていくことの意義として，3 点を挙げている。第 1 は，事業者が社会や環境に配慮した行動を取ることでサプライチェーンの透明性が向上するため，法的なリスクや評判リスクを管理しやすくなる点である。第 2 は，社会的課題や環境課題の解決に向けた行動が他の事業者との差別化となり，新たな競争力を生むことができる点であ

る。第3は，ステークホルダーからの信頼が増し，事業者に対する好感度や従業員の働きがいの向上につながり，中長期的な企業価値の向上を支える点である。このことから，事業者による消費者志向経営[3)]が浸透し，財・サービス市場だけでなく，投資市場においても企業価値を上げることにつながる。

　最後に，倫理的消費に行政が取り組むことの意義を2点挙げている。第1は，倫理的消費のために消費者と事業者が協働してWin-Winの関係を築くことで，経済の活性化につながる点である。第2は，消費者・事業者・行政がそれぞれの役割を果たしながら課題に取り組むことで，持続可能な社会の実現，地域の活性化などの社会的な課題の解決につながる点である。これらは，国民的な財産であり，限られた資源を有効に活用しつつ公正で豊かな社会を実現する上で不可欠な要素であるととらえている。

　以上が，「倫理的消費」調査研究会がまとめた倫理的消費の考え方である。つづいて，倫理的消費に関する学術的な整理をみていく。

（2）倫理的市場モデルの登場と倫理的消費の定義

　倫理的消費は，経済学（根本［2018］；樋口［2019］；福士［2016］，［2020］など），経済社会学（畑山［2016］，［2020］；間々田［2016］，［2021］など），家政学・消費者教育学（鈴木［2012］；奥谷ほか［2017］；細川［2017］など），ソーシャル・マーケティング論や消費者心理学（大平ほか［2012］，［2013］，［2014］；高橋・豊田［2012］；豊田［2016］など），規範倫理学（Barnett et al.［2005］；柘植［2012］；Fei et al.［2022］；植原［2018］など），哲学（Soper［2007］，［2008］，［2016］など）をはじめ，多岐にわたる分野で研究蓄積がある。

　倫理的消費は，エシカル消費（ethical consumption）とも呼ばれるが，「倫理的」もしくは「エシカル」という語には，法的拘束力はないが，多くの人が正しいと認識すること，あるいは，本来人間がもつ良心に基づいた社会的な規範を意味する。では，市場や消費に「倫理的」という接頭語をつけると，

どのような概念になるのだろうか。本節では，畑山，渡辺，樋口の研究をもとに，倫理的市場と倫理的消費の考え方を確認する。

　従来は，資本主義に基づく市場経済で生じた問題は，協同組合の組織化など市場における自由な経済活動を抑制することで，自然環境や社会環境に配慮した生産・取引・消費を実現するという「社会的経済」モデルの中で議論されていた（畑山［2016：3］）。これに対して，倫理的市場は，「倫理的配慮それ自体が市場に内部化されることによって，自然環境や社会環境に配慮された生産・取引・消費が自由な経済活動」の中に位置づけられている（同前3）。

　倫理的消費は，環境や社会資源の持続可能性を支持した概念であるとともに，社会課題解決のための手段でもある。これは，価格や利便性など従来から認識されている消費の意思決定要因に加えて，倫理的消費の台頭は，環境破壊や人権侵害などによって生じる社会的費用が消費の意思決定要因として追加されることを意味する（「倫理的消費」調査研究会［2017：5－7］）。畑山は，倫理的消費を「自らの消費生活と消費環境をよりよいものにしたいという諸個人の関心のもとで倫理的・社会的観点から商品を選択する消費」と定義する（畑山［2016：259］）。倫理的消費には，「自らの消費生活を豊かにしたいという欲求」があり，「消費者運動の備えていた社会変革志向を内に含んでいる」ものの，従来の消費者運動とは異なる側面がある。従来の消費者運動は，消費社会の抵抗を目指す社会運動であり，集合主義的な立場をとり，市場経済のオルタナティブを目指していた（同前257）。他方，倫理的消費は，消費社会をより謳歌する消費行動であり，個人主義的な立場をとり，よりよい市場経済の実現を目指す考え方である。

　渡辺は，倫理的消費の動向把握のために実施した海外調査において，倫理的消費，持続可能な消費，政治的消費という3つの用語が使用されていたことをふまえ，それぞれの意味を整理している（渡辺［2016：15］）。英国マンチェスター大学持続可能な消費研究所（Sustainable Consumption Institute）では，倫理的消費を「主として個人的・自発的な消費」，持続可能な

消費を「より科学的で，より大きなインパクトや社会的・制度的変革をもたらす消費」と区別している。また，ノルウェー国立消費者研究所（Statens institutt for forbruksforskning）では，倫理的消費を「個人が利己の倫理観・道徳観に基づいて行う消費」，政治的消費を「消費のあり方そのものを変革するといった政治的な意図をもった消費」としている。これらの定義から，倫理的消費は，消費者個人の自発的な購買行動（選択）に重きを置いているという特徴がある（同前15, 17）。

　長らく，自由競争市場を前提に経済理論は構築されてきたが，完全な自由競争市場が成立することは稀であり，現実は市場の限界が存在する。市場の限界には，情報の非対称性，限定合理性，サスティナビリティへの対応などがある。この限界に対応するため，規範的な市場メカニズムが誕生した（畑山［2016］；樋口［2019］）。倫理的消費の登場は，規範的な市場メカニズムの形成と関係している。

　グローバル市場に存在する規範的な市場メカニズムを，欧州ではマーケット・ガバナンス・メカニズム（Market Governance Mechanism, MGM という）と呼び，樋口は「規範的市場メカニズム」と訳す。MGM には，4つのガバナンスが存在する（樋口［2019：145］）。第1は，法規制（ハードロー）であり，条約，法律，条令，調達ルールなどが含まれる。第2は，社会規範（ソフトロー）であり，ISO26000，責任投資原則（PRI），国連グローバル・コンパクト，サプライチェーン CSR（企業の社会的責任），ガイドライン，自主ルール，行動基準などがある。第3は，経済的インセンティブであり，税，補助金，排出権取引制度，社会的責任投資（SRI），生態系サービスへの支払い（PES）などがある。第4は，市場での情報提供であり，認証制度，表示，企業のサスティナビリティ報告書，評価指標などがある。情報の非対称性を改善するには，情報提供の役割が大きく，消費者の限定合理性を補う手段にもなり得る。サスティナビリティへの対応には，企業の自主的取組みや国際機関のガイドライン，SDGs といった国際的な目標などソフトローの果たす役割が大きい。

　以上のことをふまえると，MGM は多様な手段を活用して市場におけるガバナンスを強化し，環境や社会への配慮を市場内に常態化させる効果が期待できる（畑山［2016：287-289］）。したがって，MGM が機能した市場を倫理的市場と呼び，労働市場や金融市場と連携しながら，倫理的な財・サービス市場において倫理的消費がおこなわれていると考えられる。

3．国連 SDGs の推進に取り組む川崎市

　2015年9月に開催された国連「持続可能な開発サミット」において，加盟国の全会一致で「持続可能な開発のための2030アジェンダ」が採択された（United Nations［2015］）。2030アジェンダは，「誰一人取り残さない」世界の実現に向け，前文，宣言，17のゴールと169のターゲットから構成された持続可能な開発目標（SDGs），実施手段，フォローアップ・レビューで構成されている。SDGs にある目標の多くは，2030年の達成を目指しており，各国でさまざまな取組みが進められている。

　日本は，2016年5月に，関係省庁が連携し，政府一体となって SDGs 推進体制を構築するため，内閣総理大臣を本部長，全閣僚を構成員とする「持続可能な開発目標（SDGs）推進本部」を内閣に設置した。日本政府が，2016年に定めた実施指針の中で，「全国の地方自治体が自発的に SDGs を原動力とした地方創生を主導する旨の宣言等を行う」ことや，「『地方創生 SDGs 金融』を通じた自律的好循環を形成するために，地域事業者等を対象にした登録・認証制度の構築等を目指すこと」など，自治体が積極的に SDGs 実現に取り組むことを明記している（SDGs 推進本部［2019：11-12］）。この実施指針を踏まえて，日本政府は，持続可能なまちづくりや地域活性化に向けた取組みを推進する時に，SDGs の枠組みを活用することで，政策の全体最適化，地域課題解決の加速化という相乗効果を期待し，SDGs を原動力とした地方創生（地方創生 SDGs）を提起した。もともと，日本政府は，2008年から「環境モデル都市」と「環境未来都市」を選定していたが，

2016年にこれらに加えて，地方創生を一層促進するため，SDGs 達成に向けた取組みを提案する「SDGs 未来都市」の選定を始めた。

SDGs 未来都市に選定された自治体の一つが川崎市である。川崎市は，同市総合計画第2期実施計画（2018年3月策定）において，「計画の推進に向けた考え方」の1つに，「持続可能な開発目標（SDGs）を踏まえた施策・事務事業の実施」を掲げた。この中で，川崎市を取り巻く課題は SDGs が掲げる目標と共通する点が多いこと，したがって SDGs の理念や目標，国の動向等を踏まえながら，同市の各施策・事務事業を実施すること，関連の深い分野の計画等と連携を図ることで，SDGs 達成の取組みを推進していくことを明記している（川崎市［2018：50］）。

川崎市は，2019年2月に「川崎市持続可能な開発目標（SDGs）推進指針」を策定し，2019年7月に内閣府から SDGs 未来都市に選定された。川崎市は，「成長と成熟の調和による持続可能な最幸のまち　かわさき」をテーマに，SDGs の達成に向けて，市民，企業，団体等の多様なステークホルダーと連携・協働し，さまざまな取組みをはじめた[4]。SDGs 未来都市として横断的，統合的な施策を推進するため，市長を本部長とし，全局（室）区長で構成される「川崎市持続可能な開発目標（SDGs）推進本部」を設置した。さらに，川崎市は，国とも連携しながら，「川崎市 SDGs 未来都市計画」に基づき事業を実施している。2019年8月に策定された第1期計画は終了し，現在は，2022年3月に策定された第2期計画（計画期間　2022〜2025年）の最中にある。

2021年3月，川崎市は「かわさき SDGs パートナー」を創設し，「川崎市 SDGs プラットフォーム」を設置した。かわさき SDGs パートナーは，SDGs 達成に向けて取り組む企業・団体を川崎市が登録・認証する制度である[5]。同パートナー制度は2段階になっている。第1段階は，SDGs の達成に向けた取組みを意思表示（宣言）する「登録」で，第2段階は，SDGs への取組みを自己評価し，今後に向けた目標設定をする「認証」である。前者を「かわさき SDGs パートナー」，後者を「かわさき SDGs ゴールドパート

ナー」と呼ぶ。2023年10月24日現在，3288（内，登録480，認証2808）の企業・団体等を登録・認証している。登録・認証した企業・団体は，川崎市内の企業・団体に限らず，東京都内や神奈川県内などの他の自治体の企業・団体も含まれる。

　川崎市 SDGs プラットフォームは，「川崎市内で SDGs 推進に取り組む事業者を支援しネットワークを構築すること等」を目的に設置された[6]。SDGs に関するセミナーや参加団体の交流会，取組み事例の共有，優れた取組みを表彰する「かわさき SDGs 大賞」の創設（2022年度）などを実施している。同プラットフォームには，かわさき SDGs パートナーが協力・連携を図り自主的な活動をする分科会が設立され，2024年1月現在で，10の分科会が誕生した[7]。このほか，SDGs モデル事業支援補助金の創設やポータルサイトの開設[8]などがおこなわれている。

　SDGs 未来都市に選定された川崎市では，倫理的消費についてどのような取組みがなされているか。川崎市消費者行政推進計画（2023〜2025年度）で確認できる（川崎［2023］）。この計画では，新型コロナウイルス感染症の影響，消費生活のデジタル化，法改正等の影響を受け，消費者を取り巻く社会経済環境が大きく変化する中，消費生活においても SDGs の推進に貢献するため，消費者に対して「必要な消費だけではなく，未来を大切にする消費」を求めている。また，「持続可能で多様性と包摂性のある社会に向け，消費生活において，エコ商品，サスティナブルファッション等のエシカル消費」を推進する旨も記載されている。2023〜2025年度の計画では，SDGs に貢献する消費者・事業者の取組み・協働を推進するとともに，エシカル消費の普及に向けた取組みの強化や，事業者が消費者と共創・協働して社会価値を向上する「消費者志向経営[9]」を浸透していくことも示されている。

　以上のことから，川崎市は SDGs 未来都市として，地域の企業・団体等と協働しながら SDGs 推進に貢献するとともに，その一環として倫理的消費や消費者志向経営といった倫理的市場の形成に寄与する取組みを推進している自治体といえる。

4．多摩区住民調査にみる倫理的消費者の姿

（1）分析の目的と調査対象と方法

　倫理的消費行動のうち，衣類購入時の自然環境への配慮行動を規定する要因を分析していく。分析に使用したデータは2021年9月に実施した「多摩区住民の生活と福祉に関する意識調査」（以下，多摩区調査という）である。川崎市多摩区内の生田東地区を調査対象地域とし，標本は住民基本台帳を用いて1012名を無作為に抽出し，自記式の調査票を郵送によって配布・回収した（調査概要に関する説明は第6章参照）。有効回収数は254名，有効回収率は25.1％であった。このうち，分析には，データセットが整っている196サンプルを使用する。

（2）使用する変数の選定理由

　倫理的消費行動を規定する主な先行研究は，ソーシャル・マーケティング研究や政治的消費主義論などの分野で蓄積がある。Newholm and Shaw は，20世紀最後の四半世紀に「倫理的消費」が注目を集めるようになった理由について先行研究を分析し，メディア報道の増加，情報水準の向上，代替製品の入手可能性の増大，消費のパラダイム・シフト，個人化された文化における消費者の選択などを挙げた。また，倫理的消費に関する領域研究は，①市場の細分化を通じた倫理的消費者・グリーン消費者のマーケティング，②意思決定，情報，複雑性，道徳的自己，③倫理的消費の文化的概念・関係性概念の広がり，④倫理的消費と非倫理的消費の比較，⑤倫理的消費の政治学，⑥個人の消費行動，シチズンシップ，空間，集団的（政治的）行動，⑦向社会的（持続可能）な消費者行動の推奨，⑧進化する「倫理的製品」市場での消費に分類できる（Newholm and Shaw［2007］）。この分析結果から，倫理的消費に関する研究は多様なものが存在することがわかる。

　大平ほか［2014：6］によると，倫理的消費[10]に関する研究は，欧米で

は1970年頃から始まった。1990年代から2000年代にかけて，主にデモグラフィック変数とサイコグラフィック変数を用いて，一般の消費者の中から倫理的消費者の特徴を明らかにする研究がおこなわれた。近年になると，どのような意思決定プロセスを経て倫理的消費行動に至ったのかを分析する研究が増えている。

　倫理的消費者の意思決定プロセスに関する研究では，計画的行動理論（Theory of Planned Behavior）を用いたものが主流である。計画的行動理論は，Ajzen［1991］やAjzen, I. & Fishbein, M.［2005］などに基づき，行動に対する態度（Attitude Toward the Behavior），主観的規範（Subjective Norm），知覚的行動統制（Perceived Behavioral Control）が意図に影響を及ぼし，さらに，その意図が行動（Behavior）に影響を与えるという意思決定プロセスを仮定している。このうち，行動統制には，有効性評価と入手可能性評価という下位概念がある。日本の倫理的消費研究をみると，このモデルを用いて計量分析がなされている（西尾［2005］；大平ほか［2012］；豊田［2016］；泉水［2019］など）。また，倫理的消費行動も，環境配慮型消費，ボイコット，応援消費など，消費形態別に分析されている。

　先行研究をふまえて，本節では，衣類購入時の自然環境への配慮行動を従属変数に，権利性に関する変数（一般的権利規範，自己責任規範），ソーシャル・キャピタルに関する変数（信頼性，互酬性，地域活動の参加状況），コントロール変数を独立変数に使用するロジスティック回帰分析をおこなう（図8-1）。マーケティング分野の先行研究では，デモグラフィック変数として，性別，年齢階級，学歴，職業，所得水準を用いた分析がなされていた。その結果をみると，倫理的消費者の属性は，女性，高齢世代，高学歴であると結論づけられていた（高橋・豊田［2012］；大平ほか［2014］など）。この点をふまえて，性別，世代，学歴，職業，経済状態をコントロール変数として使用する[11]。権利性とソーシャル・キャピタルの変数群の考え方を以下に示す。

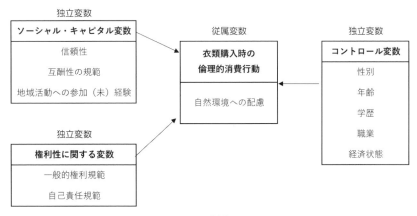

図8-1　分析モデル

①　権利性に関する変数

　先行研究によると，「困っている人を助けるべきである」とする「弱者救済」や「援助規範」といった側面が倫理的消費に影響を及ぼしているという指摘がある（高橋・豊田［2012］；泉水［2021：36-38］など）。しかしながら，「困っている人」に対する支援は，人間やコミュニティでおこなう相互扶助だけではなく，政府が保障する公的扶助など生存権に対する意識も関係している。Auger et al.［2007］では，16の社会的・倫理的課題に対する関心は国によって異なるものの，クラスタ分析とそれに基づいた回帰分析の結果から，いくつかのカテゴリを抽出している。そのカテゴリには，環境（製品の生分解性，リサイクル可能な材料の使用，リサイクル可能なパッケージ，製品の廃棄性），動物の権利（動物の権利，動物副産物の使用），労働者の権利（最低賃金の支払い，最低生活条件，安全な労働条件，児童労働の禁止），個人の権利（人権，性的権利，ジェンダー・宗教・人種的権利），消費者保護（安全情報の提供，遺伝子組み換え材料の使用），労働権（労働組合の許可）がある。ここには，労働者や個人の権利が含まれていることをふまえ，権利性に関する変数と倫理的消費との関係を分析する。分析には，生存権に対する意識と自己責任規範という権利的な意識に関する変数を用いる。

② ソーシャル・キャピタルに関する変数

　パットナムは，コールマンの考えに依拠し，ソーシャル・キャピタルを「個人間のつながり，すなわち社会的ネットワーク，およびそこから生じる互酬性と信頼性の規範」と定義し（Putnam［2000＝2006：14］），「自発的な協力がとられやすいのは，互酬性の規範や市民的積極参加といった形態でのソーシャル・キャピタルを，相当に蓄積してきた共同体」であるという（Putnam［1993＝2001］）。このソーシャル・キャピタルも倫理的消費に影響を及ぼす変数と考えられる。

　Fei et al.［2022］は，ソーシャル・キャピタルを構成する 3 つの要素（社会的信頼，社会参加，互酬性）が倫理的消費行動に与える影響と，倫理的消費行動が消費者の幸福感に与える影響を分析している。この研究では，環境配慮型消費行動と社会経済志向の消費行動を倫理的消費行動の下位概念としている。環境配慮型消費行動とは，環境に配慮した地場産品やフェアトレード，地産地消運動などである。社会経済志向の消費行動とは，倫理的消費に対する個人的意識や認識の提示，倫理的に問題のある企業や製品をボイコットする意思，倫理的意識に基づいて製品を購入・消費する意思などが含まれる。また，Fei et al. では消費者の幸福感を，消費プロセスにおいていかに多くの満足が得られるかによって評価する。探索的因子分析の結果，社会的信頼，社会参加，互酬性は，環境に配慮した倫理的消費行動と社会経済志向の倫理的消費行動を通じて，消費者の幸福度と密接な関係があることを明らかにした。

　大平ほか［2014］は，過去の社会的課題解決行動に基づいたソーシャル・コンサンプションの意思決定プロセスについて分析をおこなった。その結果，現在のソーシャル・コンシューマー層（子どものいる既婚女性で高学歴の消費者），潜在的ソーシャル・コンシューマー層（性別・学歴は現在のソーシャル・コンシューマー層に近く，それ以外は中間的な消費者），無関心層（学歴が比較的低く，未婚の若年男性の消費者）に階層化された。分析の際，消費者には市民の側面がある（Harrison［2005］）点を考慮し，大平ほか

［2013］と同様，ボランティアや寄付もソーシャル・コンサンプションに影響を及ぼすものと仮定して，過去の社会的課題解決行動を変数に加えた。しかしながら，東日本大震災以降のボランティア活動の経験は，因子負荷量が0.40を下回ったため，環境配慮型商品の分析でも，寄付付き商品の分析でも，変数から除外されていた。そのため，ボランティア活動とソーシャル・コンサンプションの関係をとらえることはできなかった。

　これらの結果から，ソーシャル・キャピタルに関する変数が倫理的消費行動に影響を及ぼすか否かは，定式化されているとは言い難い。そこで，独立変数にソーシャル・キャピタルに関する変数を加えて分析することとした。

（3）分析方法と使用した変数

　各変数は，次に説明する設問を用いた。なお，多摩区調査の設問では，「エシカル消費（倫理的消費）」を用い，消費者庁「第4期消費者基本計画」の定義を調査時に示した。しかし，本節では「倫理的消費」に用語を統一する。

①　衣類購入時の倫理的消費行動

　多摩区調査には，衣類を購入する時に重視する観点を尋ねた設問がある。その設問では，価格，品質・性能などの13の観点について，回答者が，「非常に重視」「まあまあ重視」「あまり重視しない」「まったく重視しない」の4件法で評価した。13の観点の1つに，自然環境への配慮があり，「非常に重視」と「まあまあ重視」の選択を「衣類購入時の倫理的消費行動」とみなし，ダミー変数を設定した。

②　権利性に関する変数

　権利性をとらえるため，一般的権利性変数と自己責任規範変数を使用する。

　一般的権利性変数とは，経済的に困窮状態にあれば誰でも利用できる生活保護法の一般扶助原則に即した権利性である（小池ほか［2022：22］）。「生

活保護は，生活に困った時に誰もが平等に利用できる権利であると思います
か」という設問に対し，回答者は「そう思う」「どちらかといえば思う」「あ
まり思わない」「思わない」の４件法で評価した。

　自己責任規範とは，貧困の責任の所在が個人にあるという規範である。「人
が貧困になるのは，個人に責任があると思いますか，それとも，社会に責任
があると思いますか」という設問に対し，回答者は「個人にある」「どちら
かといえば個人にある」「どちらかといえば社会にある」「社会にある」の４
件法で評価した。このうち，前者２つの選択肢の回答者を自己責任規範とし
たダミー変数を作成した。

③　ソーシャル・キャピタル変数

　分析には，信頼性，互酬性，地域活動への参加経験に関する変数を使用し，
ソーシャル・キャピタルと倫理的消費の関係をとらえることとする。

　信頼性は，人・制度・機関に対する信頼度を意味する。調査では，「あな
たは，次の人びとを信頼できると思いますか」という設問を設定した。信頼
度を評価した対象は，ほとんどの人，家族・親戚，近所の人びと，友人・知
人，職場の同僚，見知らぬ人，市町村役場の職員や警察官などの公務員の７
項目である。回答者は，「まったく信頼できない」「ほとんど信頼できない」
「ある程度信頼できる」「信頼できる」「とても信頼できる」の５件法で評価
した[12]。因子分析をしたところ，社会一般に対する信頼と顔の見える範囲・
公的機関の職員に対する信頼の２つの因子が抽出された（表 8-1）。因子負
荷量を考慮し，社会一般に対する信頼を代表する変数として「ほとんどの人」
を，顔の見える範囲などに対する信頼を代表する変数として「家族・親戚」
を使用する。

　互酬性は，もともと贈与に対して返礼をおこなうという贈与関係で使用さ
れる概念であるが，相互扶助関係を示すこともある。ここでいう互酬性とは，
自身が他者を助けることで，困難が生じたときに相手も助けてくれることに
期待する相互作用を意味している。互酬性を示す変数には，「あなたは，次

176

表8-1　信頼性に関する因子負荷量

	因子1	因子2
	社会一般に対する信頼	顔の見える範囲・公的機関の職員に対する信頼
ほとんどの人	0.802	0.204
見知らぬ人	0.725	0.179
近所の人びと	0.533	0.489
家族・親戚	0.111	0.723
友人・知人	0.233	0.690
職場の同僚	0.454	0.512
市町村役場の職員や警察官などの公務員	0.387	0.448
固有値	3.501	1.047
分散（%）	26.781	25.356

因子抽出法：重みなし最小二乗法，回転法：Kaiser の正規化を伴うバリマックス法。

　の人びとが困っているときに助け合うことは『お互い様だ』と思いますか」という設問を使用する。この設問で評価した対象は，ほとんどの人，家族・親戚，近所の人びと，友人・知人，職場の同僚，見知らぬ人の6項目である。回答者は，「まったくそう思わない」「あまりそう思わない」「ある程度そう思う」「そう思う」「とてもそう思う」の5件法で評価した[13]。因子分析をしたところ，近所と社会一般に対するお互い様意識と顔の見える関係でのお互い様意識の2つの因子が抽出された（表8-2）。因子負荷量を考慮し，近所や社会一般への相互扶助意識を代表する変数として「ほとんどの人」を，顔の見える関係でのお互い様意識を代表する変数として「友人・知人」を使用する。

　地域活動への参加経験については，「あなたは，最近1年間で次のような地域活動にどの程度参加しましたか」という設問を使用する。この設問で評価した活動は，スポーツ・趣味・娯楽活動，まちづくり活動，高齢者支援活動，子育て支援活動，防犯活動，防災活動，家族介護者支援活動，町内会・自治会等の活動の8項目である。回答者は，各項目についてコロナ禍で活動が増加した／変化なし／減少したかを5件法で評価しているが，加えて「今

表8-2　互酬性に関する因子負荷量

	因子1	因子2
	近所と社会一般に対するお互い様意識	顔の見える関係でのお互い様意識
ほとんどの人	0.828	0.200
見知らぬ人	0.827	0.221
近所の人びと	0.715	0.415
友人・知人	0.269	0.866
家族・親戚	0.172	0.748
職場の同僚	0.531	0.659
固有値	3.780	1.064
分散（％）	37.745	33.396

因子抽出法：重みなし最小二乗法，回転法：Kaiserの正規化を伴うバリマックス法。

まで一度も参加したことがない」という選択肢がある。この「今までに一度も参加したことがない」という回答を用いて，地域活動への参加経験なしというダミー変数を設定する。

④　コントロール変数

　コントロール変数として，性別，年齢，職業，学歴，経済状態を使用した。性別は女性ダミーを，年齢は回答時の実年齢を使用する。職業ダミーは，経営者ダミー，自営業主ダミー，役員・管理職ダミー，会社員ダミー，専門的職業ダミーを使用する。学歴ダミーは，大学・大学院卒ダミーを使用する。経済状態を表す変数として，消費生活の主観的充実度，主観的階層帰属意識，主観的くらし向きを使用する。消費生活の主観的充実度は，「収入と比べてあなたの消費生活は充実していると感じますか」という設問を用い，「十分感じる」「まあまあ感じる」「あまり感じない」「ほとんど感じない」の4段階で評価する。主観的階層帰属意識は，「あなたの家の生活は，世間一般から見て，どのような高さ・水準にあると思いますか」という設問を用い，「上」「中の上」「中の中」「中の下」「下の上」「下の下」の6段階で評価する。主観的くらし向きは，「あなたは日々の生活のやりくりをどのように感じて

178

いますか」という設問に対し，「非常に苦しい」「やや苦しい」「ややゆとり
がある」「ゆとりがある」の４段階で評価する。

（4）分析結果

　分析に使用した基本統計量は表8-3に示したとおりである。自然環境へ
の配慮，地域活動への参加経験なし，性別，職業，学歴はダミー変数，権利
性，信頼性，互酬性，経済状態は順序変数，年齢は連続変数である。分析を
おこなう前に VIF を確認したところ，独立変数に使用したもので4.0以上の

表8-3　記述統計量

		N	最小値	最大値	平均値	標準偏差
衣服の倫理的消費行動：自然環境への配慮ダミー		196	0	1	0.47	0.50
権利性	一般権利性	196	1	4	3.31	0.796
	自己責任規範	196	0	1	0.56	0.498
信頼性	ほとんどの人	196	1	4	2.68	0.642
	家族・親戚	196	1	5	4.13	0.753
互酬性	ほとんどの人	196	1	5	3.13	0.824
	友人・知人	196	2	5	3.89	0.813
地域活動	スポーツ・趣味・娯楽活動　参加経験なし	196	0	1	0.60	0.492
	まちづくり活動　参加経験なし	196	0	1	0.86	0.346
	高齢者支援活動　参加経験なし	196	0	1	0.92	0.275
	子育て支援活動　参加経験なし	196	0	1	0.87	0.334
	防犯活動　参加経験なし	196	0	1	0.93	0.258
	防災活動　参加経験なし	196	0	1	0.92	0.267
	家族介護者支援活動　参加経験なし	196	0	1	0.93	0.258
	町内会・自治会等の活動　参加経験なし	196	0	1	0.64	0.480
経済状態	消費生活の主観的充実度	196	1	4	2.89	0.756
	主観的階層帰属意識	196	1	6	3.72	1.001
	主観的くらし向き	196	1	4	2.64	0.735
性別	女性ダミー	196	0	1	0.60	0.492
年齢		196	21	96	53.65	15.968
職業	経営者ダミー	196	0	1	0.05	0.210
	役員・管理職ダミー	196	0	1	0.06	0.240
	専門的職業ダミー	196	0	1	0.16	0.371
	主婦（夫）ダミー	196	0	1	0.11	0.310
	年金生活者ダミー	196	0	1	0.15	0.361
学歴	大学・大学院卒ダミー	196	0	1	0.45	0.499

ものはなかった。ロジスティック回帰分析の結果は，表 8-4 に示したとおりである。

　まず，権利性を示す変数をみると，人が貧困になるのは個人に責任があると考える人と，衣類購入時に自然環境への配慮を重視する行動の間に負の関係性があった。この自己責任規範は，衣類購入時に，自然環境への配慮を重視する消費行動の発生確率を0.365倍に低めた。この規範は 1 ％水準で有意

表8-4　ロジスティック回帰分析の結果（Y＝自然環境への配慮）

		偏回帰係数	有意確率（p値）	オッズ比	オッズ比の95％信頼区間 下限	オッズ比の95％信頼区間 上限	VIF
権利性	一般権利性	0.287	0.235	1.333	0.829	2.141	1.323
	自己責任規範	−1.009	0.009	0.365	0.171	0.778	1.329
信頼性	ほとんどの人	0.156	0.621	1.169	0.629	2.172	1.420
	家族・親戚	−0.213	0.418	0.808	0.482	1.354	1.447
互酬性	ほとんどの人	0.387	0.131	1.473	0.891	2.435	1.572
	友人・知人	0.265	0.346	1.303	0.751	2.263	1.695
地域活動	スポーツ・趣味・娯楽活動　参加経験なし	0.618	0.141	1.856	0.815	4.223	1.503
	まちづくり活動　参加経験なし	−0.944	0.216	0.389	0.087	1.733	2.299
	高齢者支援活動　参加経験なし	−2.391	0.048	0.092	0.009	0.978	2.308
	子育て支援活動　参加経験なし	0.534	0.541	1.705	0.308	9.438	2.168
	防犯活動　参加経験なし	−1.005	0.435	0.366	0.029	4.564	3.981
	防災活動　参加経験なし	1.187	0.322	3.276	0.312	34.364	3.847
	家族介護者支援活動　参加経験なし	0.719	0.531	2.053	0.217	19.459	3.309
	町内会・自治会等の活動　参加経験なし	−0.519	0.254	0.595	0.244	1.451	1.754
経済状態	消費生活の主観的充実度	−0.102	0.719	0.903	0.518	1.575	1.664
	主観的階層帰属意識	−0.580	0.017	0.560	0.348	0.902	1.913
	主観的くらし向き	0.388	0.273	1.474	0.737	2.950	2.317
性別	女性ダミー	0.241	0.539	1.273	0.589	2.751	1.357
年齢		0.040	0.011	1.041	1.009	1.073	2.024
職業	経営者ダミー	−0.188	0.834	0.829	0.143	4.791	1.219
	役員・管理職ダミー	−0.025	0.973	0.975	0.226	4.206	1.303
	専門的職業ダミー	−0.264	0.625	0.768	0.266	2.213	1.306
	主婦（夫）ダミー	−0.831	0.192	0.436	0.125	1.517	1.350
	年金生活者ダミー	−0.066	0.916	0.936	0.271	3.233	1.821
学歴	大学・大学院卒ダミー	−0.046	0.910	0.955	0.433	2.110	1.448
定数		−1.320	0.470	0.267			

モデルχ2乗検定	p＜0.01
Hosmer と Lemeshow の検定	p＝0.744
判別的中率（％）	70.4

であった。

　次に，ソーシャル・キャピタルに関する変数を確認する。信頼性を示す変数をみると，ほとんどの人を信頼できることも，家族・親戚を信頼できることも有意でなかった。したがって，社会一般に対する信頼も，顔の見える範囲・公共機関の職員に対する信頼も，自然環境への配慮行動に影響を及ぼしていなかった。また，互酬性を示す変数をみると，困っているときに，ほとんどの人や友人・知人と助け合うことはお互い様だと思うことと，自然環境への配慮との関係性はみられなかった。つまり，近所と社会一般に対するお互い様意識も，顔の見える関係でのお互い様意識も，自然への配慮を重視する消費行動との関係性を見出せなかった。他方，地域活動のうち，高齢者支援活動への参加経験がない者と，自然環境への配慮を重視する消費行動との間に負の関係があった。これらは５％水準で有意であった。オッズ比は0.092倍と，高齢者支援活動未経験者は，自然環境への配慮行動の発生確率を下げていた。

　第３に，コントロール変数のうち，経済状態をみると，主観的階層帰属意識と負の関係があり，５％水準で有意であった。オッズ比は0.560倍であり，主観的階層帰属意識が高いと，自然環境への配慮を重視する消費行動を低める関係性があった。年齢と正の関係があり，この変数は５％水準で有意であった。このことから，年齢が上昇すると，自然環境への配慮行動の確率を高める関係性があった。

　以上から，衣類購入時の自然環境への配慮を重視した消費行動は，自己責任規範，高齢者支援活動への参加未経験，主観的階層帰属意識と負の関係があり，年齢が高いことと正の関係があることがわかった。先行研究で有意であった女性や学歴は統計的に有意な結果は得られなかった。また，信頼性や互酬性との関係性はみられなかった。

5．おわりに

　本章では，倫理的消費という考え方や川崎市の SDGs 推進政策を確認し，多摩区調査をもとに衣類購入時の自然環境への配慮行動を規定する要因を分析した。多摩区調査に限っていえば，自然環境への配慮という倫理的消費行動は，自己責任規範との負の関係性を確認することができた。これは，人が貧困になるのは個人に責任があるという考えが，自然環境への配慮を重視する消費行動を低めることに貢献することを意味する。貧困といった社会課題に対する自己責任論の是正が，自然環境への配慮行動に影響を及ぼすことが示唆された。しかしながら，限られたサンプルの結果であったため，さらなる調査が求められる。

　また，地域活動のうち，高齢者支援活動への参加未経験が，自然環境への配慮という消費行動を抑制する点にも注目したい。現在，川崎市は人口の流入があり，比較的若年世代が増えているものの，2030年頃に約160.3万人と人口はピークに達する。その後は，自然減が社会増を上回り人口が減少していくと推計されている。他方，2025年までに65歳以上人口比率が21％を超え，超高齢社会となる。このような人口動態の状況をふまえると，高齢者支援活動は，今後，ますます求められる地域活動である。分析結果では，高齢者支援活動が未経験であることと自然環境への配慮行動との間に負の関係があったが，この関係性を考察する材料が乏しく，仮説を導き出せなかった。人口動態をふまえた追加的な分析が必要である。

　本章では，衣類購入時の消費行動を分析したが，食品などの必需品，旅行などの非必需品，耐久消費財といった財・サービスに特性をふまえた分析に加え，政策との関係についても分析していく必要がある。欧州投資銀行（EIB）は，2023年3月に気候変動に対する市民の意識調査[14]結果を発表した。欧州の全回答者の66％，30歳未満の回答者の72％が，個人の行動変容を促すため，政府が厳格な気候変動対策を講じることに賛成した。また，個

人消費について，非必需品や飛行機の移動，肉類など，カーボンフットプリントの多い商品の年間消費に上限を持たせるカーボンバジェット制度の導入に，欧州の回答者の56％が賛成した。そして，回答者の79％は，食品購入時により持続可能な選択ができるように，全ての食品に気候フットプリントを表示することに，回答者の62％は，地元で生産した持続可能な食品に対して，多少高くても購入することに賛成した。これらの調査結果から，欧州では，財・サービスごとに気候変動対策を考え，倫理的消費と政府による気候変動対策を連動させることに肯定的であったことがわかる。このことから，倫理的消費行動を財・サービス別に調査し，財・サービス別の倫理的消費行動について分析するとともに，国や川崎市の気候変動対策などの政策との関係性についても考察をおこなう必要があろう。

　これら課題を克服するために，今後も，同様の調査・分析をおこない，知見を深めていく。

〔注〕
1 ）SDGs の基本理念について，原文にある "no one will be left behind" を，外務省仮訳では「誰一人取り残さない」としているが，蟹江は「だれ一人取り残されない」と訳している。原文は受動態で書かれていることから，「自分が取り残される立場になりうることを前提に，『取り残されない』世界を創ろう」という意味がある（蟹江 ［2020：5]）。
2 ）消費者市民社会は，消費者教育推進法において，「消費者が，個々の消費者の特性及び消費生活の多様性を相互に尊重しつつ，自らの消費生活に関する行動が現在及び将来の世代にわたって内外の社会経済情勢及び地球環境に影響を及ぼし得るものであることを自覚して，公正かつ持続可能な社会の形成に積極的に参画する社会」と定義している。
3 ）消費者庁は，消費者志向経営を，「事業者が，消費者全体の視点に立ち，健全な市場の担い手として，消費者の信頼を獲得するとともに，持続可能で望ましい社会の構築に向けて，社会的責任を自覚して事業活動を行うこと」と定義し，通称「サスティナブル経営」とも呼ばれている。詳細は，消費者庁消費生活調査課［2019］を参照のこと。
4 ）川崎市ホームページを参照（https://www.city.kawasaki.jp/shisei/category/54-10-3-0-0-0-0-0-0.html　2023年11月1日アクセス）。
5 ）川崎市「川崎市 SDGs 登録・認証制度『かわさき SDGs パートナー』のご案内」を参照（https://www.city.kawasaki.jp/170/cmsfiles/contents/0000157/157418/seidogai-

youchirashi.pdf　2023年11月1日アクセス）。

6）詳細は，川崎市「川崎市 SDGs プラットフォーム設置要綱」（令和3年3月18日，2 川総企第359号）を参照（https://www.city.kawasaki.jp/templates/outline/cmsfiles/contents/0000148/148883/20230401platform.pdf　2023年11月10日アクセス）。

7）川崎市 SDGs プラットフォーム分科会については，https://www.city.kawasaki.jp/170/page/0000145695.html（2023年11月10日アクセス）を参照のこと。

8）詳細はかわさき SDGs ポータルサイトを参照（https://www.goodcity.jp/city.kawa-saki　2023年11月10日アクセス）。

9）消費者志向経営とは，事業者が，消費者全体の視点に立ち，健全な市場の担い手として，消費者の信頼を獲得するとともに，持続可能で望ましい社会の構築に向けて，社会的責任を自覚して事業活動を行うことで，「サステナブル経営」という愛称で呼ばれている（消費者庁消費生活調査課［2019]）。

10）大平ほか［2014］では，倫理的消費者ではなく，「ソーシャル・コンシューマー」という用語を使用している。大平らは，「消費を通じて社会的課題の解決を図る」消費者のことをソーシャル・コンシューマーと呼んでいる。1970年代は，ソーシャル・コンシューマー（Socially Conscious Consumer）を把握する研究が進められ，その後，消費を通じて環境問題を解決するグリーン・コンシューマー（Green Consumers）や倫理問題を解決する倫理的消費者（Ethical Consumers）に焦点を当てた研究が登場した。したがって，ソーシャル・コンシューマー概念は倫理的消費者概念と比較して古くからあることがわかる。本節では，消費行動を通じて環境や人権などの社会課題を解決する消費者を倫理的消費者と呼び，ソーシャル・コンシューマーを倫理的消費者と類似した概念ととらえている。

11）泉水［2019］のように婚姻関係を変数に加えた分析をおこなっている研究もあるが，多摩区調査では婚姻関係に関する設問がないため，コントロール変数に加えることができなかった。

12）職場の同僚については，ここに示した5件法に加えて「仕事をしていない・職場に同僚がいない」という選択肢を設けたが，因子分析の際，この選択肢を回答した場合は非該当として処理した。

13）注12と同じ。

14）EIB が2022年8月に実施した気候変動に対する個人の行動や取組みに焦点をあてた調査である（http://www.eib.org/en/press/all/2023-112-76-of-young-europeans-say-the-climate-impact-of-prospective-employers-is-an-important-factor-when-job-hunting　2024年1月10日アクセス）。

184

〔引用文献〕

泉水清志［2019］「倫理的消費の経験と態度―婚姻の有無・職業による検討―」『育英短期大学研究紀要』，36，pp. 15-28。

泉水清志［2021］「倫理的消費とクチコミ―性別・共感他者からの検討―」『育英短期大学研究紀要』38，pp. 31-40。

植原亮［2018］「徳と人間本性―アリストテレス的主題を現代から吟味する」，関西大学総合情報学部紀要『情報研究』48，pp. 41-56。

SDGs 推進本部［2019］SDGs 実施指針改訂版
https://www.kantei.go.jp/jp/singi/sdgs/pdf/jisshi_shishin_r011220.pdf （2023年9月11日アクセス）。

大平修司・薗部靖史・スタニスロスキースミレ［2012］「消費を通じた社会的課題の解決―日本におけるソーシャル・コンシューマーの発見―」JFBS2011年度研究助成 Working Paper。

大平修司・薗部靖史・スタニスロスキースミレ［2013］「消費を通じた社会的課題の解決」企業と社会フォーラム『持続可能な開発とイノベーション』，pp. 115-142。

大平修司・薗部靖史・スタニスロスキースミレ［2014］「ソーシャル・コンシューマーの消費意思決定プロセスの解明―環境配慮型商品と寄付つき商品の消費意思決定プロセス―」JFBS2012年度助成研究 Working Paper。

奥谷めぐみ・鈴木真由子・大本久美子［2017］「倫理的消費者の概念整理―研究者へのインタビュー調査を基に―」『生活文化研究』54，pp. 27-36。

蟹江憲史［2020］『SDGs（持続可能な開発目標）』中央公論新社。

川崎市［2018］「川崎市総合計画第2期実施計画―川崎をもっともっと住みやすいまちにするために」，pp. 1-66, https://www.city.kawasaki.jp/170/cmsfiles/contents/0000096/96459/sokei2-0soron.pdf （2023年9月11日アクセス）。

川崎市［2023］消費者行政推進計画（2023～2025年度）
https://www.city.kawasaki.jp/280/cmsfiles/contents/0000148/148713/03_keikaku.pdf （2023年9月11日アクセス）。

小池隆生・鈴木奈穂美・森啓輔［2022］「川崎市多摩区住民の生活と福祉に関する意識調査～調査結果中間報告」『専修大学社会科学研究所月報』704，pp. 8-55。

消費者庁消費生活調査課［2019］「消費者志向経営～サスティナブル経営による持続可能な社会を目指して～」
https://www.caa.go.jp/policies/policy/consumer_research/consumer_oriented_management/propulsion_organization/pdf/propulsion_organization_190329_0005.pdf （2023年9月11日アクセス）。

鈴木真由子［2012］「倫理的消費の社会的意味と消費者市民教育」大阪ガスネットワークエネルギー・文化研究所『情報誌 CEL』98，pp. 38-41。

高橋広行・豊田尚吾［2012］「倫理的消費商品と消費者心理との関連性」『繊維製品消費

科学』, 53（12）, pp. 78–86。

柘植尚則［2012］「倫理学から考える『倫理的消費』」, 大阪ガスネットワークエネルギー・文化研究所『情報誌 CEL』98, pp. 25–28。

豊田尚吾［2016］「倫理的消費に対する意思決定と消費行動に関するモデル分析：多母集団の同時分析」『ノートルダム清心女子大学紀要. 人間生活学・児童学・食品栄養学編』40(1), pp. 13–27。

内閣府［2015］「消費者基本計画」（第 3 期）
　　https://www.caa.go.jp/policies/policy/consumer_policy/basic_plan/pdf/150324ad-justments_1.pdf（2023年 9 月11日アクセス）。

西尾チヅル［2005］「消費者のゴミ減量行動の規定要因」『消費者行動研究』11(1・2), pp. 1–18。

根本志保子［2018］「倫理的消費―消費者による自発的かつ能動的な社会関与の意義と課題―」『一橋経済学』11(2), pp. 127–143。

畑山要介［2016］『倫理的市場の経済社会学』学文社。

畑山要介［2020］「倫理的消費ともうひとつの快楽主義―K. ソパーによる消費主義批判の刷新」, 『経済社会学年報』42, pp. 55–65。

樋口一清［2019］『消費経済学入門―サステイナブルな社会への選択』中央経済社。

福士正博［2016］「ケイト・ソパーの『もうひとつの快楽主義』」東京経大学会誌, 289, pp. 37–56。

福士正博［2020］『持続可能な消費と社会的実践理論』柊風社。

細川幸一［2017］「「倫理的消費（エシカル消費）」概念に関する考察」日本女子大学大学院家政学研究科通信教育課程家政学専攻『樹下道　家政学専攻研究』第 9 号, pp. 18–25。

間々田孝夫［2016］『21世紀の消費―無謀, 絶望, そして希望』ミネルヴァ書房。

間々田孝夫［2021］『新・消費社会論』有斐閣。

「倫理的消費」調査研究会［2017］「『倫理的消費』調査研究会取りまとめ～あなたの消費が世界の未来を変える～」
　　https://www.caa.go.jp/policies/policy/consumer_education/consumer_education/ethical_study_group/pdf/region_index13_170419_0002.pdf（2023年 9 月11日アクセス）。

渡辺龍也［2016］「欧州調査のまとめ」消費者庁『海外における倫理的消費の動向等に関する調査報告書』pp. 15–20。

Ajzen, I.［1991］'The Theory of Planned Behavior,' *Organizational Behavior and Human Decision Processes*, 50(2), pp. 179–211.

Ajzen, I. & Fishbein, M.［2005］The Influence of Attitudes on Behavior, Albarracin, D., Johnson, B. T. and Zanna, M. P., *The handbook of attitudes*, Psychology Press, pp. 173–221.

Auger, P., Devinney, T. M., Louviere, J. J. [2007] 'Using Best–Worst Scaling Method-ology to Investigate Consumer Ethical Beliefs Across Countries,' *Journal of Business Ethics*, 70, pp. 299–326.

Barnett, C., Cafaro, P. and Newholm, T. [2005] Philosophy and Ethical Consumption, in Harrison, R. et al., *The Ethical Consumer*, SAGE, pp. 11–24.

Coleman, J. S. [1986] 'Norms as Social Capital,' in Radnitzky, G. and Bernholz, P., *Economic Imperialism: The Economic Approach Applied Outside the Field of Economics*, Pwpa Books, pp. 300–321 (Chap. 12).

Ellen MacArthur Foundation [2017] *A new textiles economy: Redesigning fashion's future*, https://archive.ellenmacarthurfoundation.org/assets/downloads/A-New-Textiles-Economy.pdf(2023年12月20日アクセス).

Fei, S., Zeng, J. Y. and Chang-Hyun Jin, C. H. [2022] 'The Role of Consumer' Social Capital on Ethical Consumption and Consumer Happiness,' *SAGE Open*, pp. 1–15.

Harrison, R. [2005] 'Pressure Groups, Campaigns and Consumers,' in Harrsion, R. et al. (eds.), *The Ethical Consumer*, SAGE, pp. 55–67.

Newholm, T. and Shaw, D. [2007] 'Editorial Studying the Ethical Consumer: A Review of Research,' *Journal of Consumer Behavior*, 6, pp. 253–270.

Putnam, R. D. [1993] *Making democracy work: Civic traditions im modern Italy*, Princeton University Press(河田潤一訳[2001]『哲学する民主主義』NTT 出版).

Putnam, R. D. [2000] *Bowling Alone: The Collapse and Revival of American Community*, Simon and Schuster(柴内康文訳[2006]『孤独なボウリング―米国コミュニティの崩壊と再生』柏書房).

Raworth, K. [2017] *Doughnut Economics: Seven Ways to Think Like a 21st-Century Economist*, Chelsea Green Pub Co.(黒輪篤嗣訳[2021]『ドーナツ経済』河出書房新社).

Soper, K. [2007] 'Re-thinking the 'Good life': The Citizenship Dimension of Consumer Disaffection with Consumerism,' *Journal of Consumer Culture*, 7 (2), pp. 205–229.

Soper, K. [2008] '"Alternative Hedonism" and the Citizen-consumer,' in Soper, K. and Trentmann, F. (eds), *Citizenship and consumption*, Palgrave Macmillan.

Soper, K. [2016] 'Towards a Sustainable Flourishing: Ethical Consumption and the Politics of Prosperity,' Shaw, D. et al. (eds), *Ethics and Morality in Consumption: Interdisciplinary Perspectives*, Routledge, pp. 11–25.

United Nations [2015] *Transforming Our World: The 2030 Agenda for Sustainable Development*〔外務省仮訳「我々の世界を変革する：持続可能な開発のための2030アジェンダ」https://www.mofa.go.jp/mofaj/gaiko/oda/sdgs/pdf/000101402_2.pdf

(2023年9月1日アクセス)〕.

資料

「多摩区住民の生活と福祉に関する意識調査」

1．調査票

【あなたの健康状態についておきかせ下さい】

問1　現在、あなたは、ご自身のこころとからだの健康状態をどのように感じていますか。あなたの
　　　考えに最も近い番号を一つ選び回答欄に記して下さい。

　　　1　健康である
　　　2　どちらかといえば健康である
　　　3　どちらとも言えない
　　　4　どちらかといえば健康でない
　　　5　健康ではない

> 特に指定の無い場合、回答欄は質問毎に設置された囲みです

問2　あなたのこころとからだの健康状態は、コロナ禍（昨年からの新型コロナウイルス感染拡大）
　　　による影響をどの程度受けていると思いますか。あなたの考えに最も近い番号を一つ選び回答
　　　欄に記して下さい。

　　　1　コロナ禍による影響はほとんどない
　　　2　コロナ禍による影響が多少はある
　　　3　コロナ禍による影響が大いにある
　　　4　わからない

【社会保障・社会福祉サービス利用の経験についておきかせ下さい】

問3　あなたには普段から定期的に受診している、もしくは体調が悪くなった時にすぐに利用できる
　　　医療機関がありますか。あなたの考えに最も近い番号を一つ選び回答欄に記して下さい。

1　定期的に利用、もしくは何かあったら普段から利用できる医療機関がある → 問3－1へ
2　普段から利用できる医療機関を持ってはいない → 問4へ

　　問3－1　普段から利用もしくは利用可能な医療機関は、コロナ禍（昨年からの新型コロナウイ
　　　　　　　ルス感染拡大）によって、利用しやすさにどのような変化がありましたか。あなたの実
　　　　　　　際に最も近い番号を一つ選び回答欄に記して下さい。

　　　　　1　受診を控えるようになった
　　　　　2　受診のしやすさに変化はない
　　　　　3　コロナ禍以前よりさらに受診するようになった
　　　　　4　わからない

問4　川崎市が実施している子どもの医療費（自己負担分）助成制度「小児医療費助成制度」を
　　　ご存じですか。あなたの考えと実際に最も近い番号を一つ選び回答欄に記して下さい。

　　　　1　知らない
　　　　2　だいたい知っているが（助成対象者として）利用したことはない
　　　　3　だいたい知っているし（助成対象者として）利用したことがある

問5　お子さんがいる方にうかがいます。それ以外の方は問6へおすすみ下さい。
　　　お子さんがいる場合、小学校に入る前に利用していた、もしくは現在利用している保育サービスはありますか。ある場合それはどのようなものですか。あなたの実際に最も近い番号を一つ選び回答欄に記して下さい。

　　1　認可保育所を利用していた（利用している）
　　2　認可外保育所を利用していた（利用している）
　　3　その他の保育サービスを利用していた（いる）（具体的に　　　　　　　　　　　）
　　4　幼稚園を利用していた（利用している）
　　5　利用したことはない

問6　あなたは介護サービスを利用していますか。あなたの実際に最も近い番号を一つ選び回答欄に記して下さい。

　　1　介護保険制度による介護サービスを利用している
　　2　障害者自立支援法による障害者福祉サービスを利用している
　　3　「1」「2」以外の外部サービスを利用している
　　4　介護は必要であるが、外部サービスを利用していない
　　5　介護サービスは必要ない

問7　あなたのご家族（親・子・兄弟姉妹の範囲で）は介護サービスを利用していますか。あなたの実際に最も近い番号を一つ選び回答欄に記して下さい。

　　1　介護保険制度による介護サービスを利用している
　　2　障害者自立支援法による障害者福祉サービスを利用している　　→ 問7−1へ
　　3　「1」「2」以外の外部サービスを利用している
　　4　介護を必要な者はいるが、外部サービスを利用していない
　　5　介護サービスは必要ない　→ 問8へおすすみ下さい

　問7−1　ご家族に要介護者等がいらっしゃる方におうかがいします。あなたは、主な介護者ですか。あなたの実際に最も近い番号を一つ選び回答欄に記して下さい。

　　1　主な介護者である　　　　　　　　2　副介護者である
　　3　要介護者等はいるが、介護はしていない　　4　要介護者等はいない

問8　あなたはどのタイプの所得保障を受けていますか。**あてはまるすべてに〇**をして下さい。
　　　（複数回答）

1　生活保護制度を利用している
2　国民年金を受給している
3　厚生年金を受給している
4　企業年金を受給している
5　生命保険会社の年金商品から年金を受給している。
6　公的年金の受給対象年齢であるが、受給していない
7　公的年金の受給対象年齢ではない

問8−1　問8で **いずれかの年金に〇を付けた方**に質問します。**受給金額が最も多い年金**
　　　　はどれですか。あなたの実際に最も近い番号を一つ選び回答欄に記して下さい。

1　国民年金
2　厚生年金
3　企業年金
4　生命保険会社の年金商品

【生活困難や福祉についてどのようにご覧になっているかおきかせ下さい】

問9　老後生活における老齢年金と個人の備えの関係について、あなたの考えに最も近い番号を一つ
　　　選び回答欄に記して下さい。

1　公的年金が支えるべき　　　2　どちらかといえば公的年金が支えるべき
3　どちらかといえば個人が備えるべき　　　4　個人が備えるべき

問10　生活保護は、生活に困った時に誰もが平等に利用できる権利であると思いますか。あなたの考
　　　えに最も近い番号を一つ選び回答欄に記して下さい。

1　そう思う　　　2　どちらかといえば思う　　　3　あまり思わない　　　4　思わない

問11　あなたは、いざという時（生活に困った時）には、生活保護を利用したいと思いますか。あな
　　　たの考えに最も近い番号を一つ選び回答欄に記して下さい。

1　受けたくない　　2　できれば受けたくない　　3　できれば受けたい　　4　受けたい

問12　「生活保護を利用している人が、利用していない人より権利を制限されることはやむを得ない」
　　　ことだと思いますか。あなたの考えに最も近い番号を一つ選び回答欄に記して下さい。

1　そう思う　　　2　どちらかといえば思う　　　3　あまり思わない　　　4　思わない

問13　あなたは、保育・介護・障害などの福祉サービスを利用する時に、利用者はどのように費用負担すべきだと考えますか。あなたの考えに最も近い番号を一つ選び回答欄に記して下さい。

1　相応（かなり）の負担をすべき　　　2　ある程度負担すべき
3　ほとんど負担すべきではない　　　4　利用者は負担をすべきでない

問14　あなたは、「貧困」というと、どのような状態を想像（イメージ）しますか。**あてはまるすべてに○** をして下さい。（複数回答）

1　食事が、量だけでなく中身としても、充分でない状態
2　他人と比べて、衣服、住宅などが、みすぼらしい状態
3　友達などが少なく社会的に孤立している状態
4　仕事などに追われて生活にゆとりのない状態
5　家族関係が壊れたり、ばらばらな状態
6　住む家がなく流浪している状態
7　収入は一定程度あるが借金に追われている状態
8　学業・教育が十分でなく社会人としての力が弱い状態
9　旅行やレジャーなどが人並みにできない状態
10　その他 (具体的に書いて下さい：　　　　　　　　　　　　　　　　　　　　）

問15　人が貧困になるのは、個人に責任があると思いますか、それとも、社会に責任があると思いますか。あなたの考えに最も近い番号を一つ選び回答欄に記して下さい。

1　個人にある
2　どちらかといえば個人にある
3　どちらかといえば社会にある
4　社会にある

問16　あなたは、貧しいとか貧困であることは、肩身が狭いとか恥ずかしいことだと思いますか。あなたの考えに最も近い番号を一つ選び回答欄に記して下さい。

1　そう思う　　　2　どちらかといえば思う　　　3　あまり思わない　　　4　思わない

【あなたご自身の社会関係についておきかせ下さい】

問17　あなたが現在居住している区域について、あてはまる番号を一つ選択して○をして下さい。

	東生田			東三田		桝形						登戸
	1丁目	2丁目	3丁目	4丁目	2丁目	1丁目	2丁目	3丁目	4丁目	5丁目	6丁目	
	1	2	3	4	5	6	7	8	9	10	11	12

問18　あなたは、次の人びとを信頼できると思いますか。((a)～(g)まで、それぞれ一つずつに○をして下さい)

	まったく信頼できない	ほとんど信頼できない	ある程度信頼できる	信頼できる	とても信頼できる	仕事をしていない・職場に同僚がいない
(a) ほとんどの人	1	2	3	4	5	
(b) 家族・親戚	1	2	3	4	5	
(c) 近所の人びと	1	2	3	4	5	
(d) 友人・知人	1	2	3	4	5	
(e) 職場の同僚	1	2	3	4	5	6
(f) 見知らぬ人	1	2	3	4	5	
(g) 市町村役場の職員や警察官などの公務員	1	2	3	4	5	

問19　あなたは、次の人びとが困っているときに助け合うことは「お互い様だ」と思いますか。
　　　((a)～(f)まで、それぞれ一つずつに○をして下さい)

	まったくそう思わない	あまりそう思わない	ある程度そう思う	そう思う	とてもそう思う	仕事をしていない・職場に同僚がいない
(a) ほとんどの人	1	2	3	4	5	
(b) 家族・親戚	1	2	3	4	5	
(c) 近所の人びと	1	2	3	4	5	
(d) 友人・知人	1	2	3	4	5	
(e) 職場の同僚	1	2	3	4	5	6
(f) 見知らぬ人	1	2	3	4	5	

問 20　日常生活の個人的な問題や心配ごと（失業、収入の少なさ、病気、老後、日常の身の回り等）
について、あなたはどのような人または組織を頼りにしますか。

（コロナ禍前とコロナ禍の現在について、(a)〜(m)それぞれ一つずつに〇をして下さい）

	コロナ禍**前**（2019 年まで）					コロナ禍の**現在**（2020 年以降）				
	まったく頼りにしない	ほとんど頼りにしない	ある程度頼りにする	頼りにする	とても頼りにする	まったく頼りにしない	ほとんど頼りにしない	ある程度頼りにする	頼りにする	とても頼りにする
(a) 市区町村役場	1	2	3	4	5	1	2	3	4	5
(b) 学校、病院などの専門機関	1	2	3	4	5	1	2	3	4	5
(c) 警察	1	2	3	4	5	1	2	3	4	5
(d) 政党、政治家	1	2	3	4	5	1	2	3	4	5
(e) 地縁団体（町内会、自治会など）	1	2	3	4	5	1	2	3	4	5
(f) ボランティア、非営利組織（NPO）、市民団体	1	2	3	4	5	1	2	3	4	5
(g) 寺や教会などの宗教組織	1	2	3	4	5	1	2	3	4	5
(h) 職場の雇い主	1	2	3	4	5	1	2	3	4	5
(i) 職場の同僚	1	2	3	4	5	1	2	3	4	5
(j) 近所の人びと	1	2	3	4	5	1	2	3	4	5
(k) 家族	1	2	3	4	5	1	2	3	4	5
(l) 親戚	1	2	3	4	5	1	2	3	4	5
(m) 友人、知人	1	2	3	4	5	1	2	3	4	5

問 21　あなたは、コロナ禍の現在に、次の人びとと、どの程度、頻繁に交流していますか（**対面、
手紙、電話、インターネット上の通信：ビデオ通話、SNS 上のやりとりをすべて含みます**）。
（(a)(b) それぞれ一つずつに〇をして下さい）

	日常的に交流している（週に数回以上）	ある程度頻繁に交流している（週一回〜月に数回程度）	ときどき交流している（月一回〜年に数回程度）	めったに交流していない（年一回〜数年に一回程度）	まったく交流していない
(a) 親戚	5	4	3	2	1
(b) 友人・知人と学校や職場以外で	5	4	3	2	1

問 22　あなたが現在<u>もっとも親しい人</u>、最大 5 人についてお伺いします。最も親しい人である順に「Aさん」、「Bさん」、「Cさん」、「Dさん」、「Eさん」のお住まいの地域について、あてはまる番号を一つ選択して○をして下さい。

	東生田				東三田	桝形						登戸	その他
	1丁目	2丁目	3丁目	4丁目	2丁目	1丁目	2丁目	3丁目	4丁目	5丁目	6丁目		
Aさん	1	2	3	4	5	6	7	8	9	10	11	12	13
Bさん	1	2	3	4	5	6	7	8	9	10	11	12	13
Cさん	1	2	3	4	5	6	7	8	9	10	11	12	13
Dさん	1	2	3	4	5	6	7	8	9	10	11	12	13
Eさん	1	2	3	4	5	6	7	8	9	10	11	12	13

問 23　<u>上の解答で「その他」を選んだ方は</u>、最も親しい人の居住の市町村について教えて下さい。
（記述式）

Aさん	都・道・府・県	市・区・町・村
Bさん	都・道・府・県	市・区・町・村
Cさん	都・道・府・県	市・区・町・村
Dさん	都・道・府・県	市・区・町・村
Eさん	都・道・府・県	市・区・町・村

問 24　あなたは、普段、地域の一員であるということを意識していますか。あなたの考えに最も近い番号を一つ選び回答欄に記して下さい。

　　　1　している　　　　　　　　　　2　どちらかといえばしている
　　　3　どちらかといえばしていない　4　していない

問 25　あなたは次の活動を行っていますか。**あてはまるすべてに○**をして下さい。（複数回答）

　　　1　民生・児童委員　　　　2　保護司・更生保護女性会
　　　3　行政相談委員　　　　　4　人権擁護委員
　　　5　消防団員　　　　　　　6　交通指導員

問 26　あなたは、市民活動団体 NPO 法人、任意のボランティア団体といった市民活動団体の会員になっていますか（政治活動・宗教活動は除く）。あなたの実際に最も近い番号を一つ選び回答欄に記して下さい。

　　　1　現在、会員になっている
　　　2　過去に会員になっていたが、現在は会員になっていない
　　　3　これまでに会員になったことがない

問27　あなたは、最近1年間で次のような地域活動にどの程度参加しましたか。
　　　((a)〜(h)それぞれ一つずつに○をして下さい)

	コロナ禍で活動が大幅に減少した	コロナ禍で活動がやや減少した	コロナ禍でも活動量に変化なし	コロナ禍で活動がやや増加した	コロナ禍で活動が大幅に増加した	今まで一度も参加したことがない
(a) スポーツ・趣味・娯楽活動（町内会等の活動は除く）	1	2	3	4	5	88
(b) まちづくり活動（町内会等の活動は除く）	1	2	3	4	5	88
(c) 高齢者支援活動（町内会等の活動は除く）	1	2	3	4	5	88
(d) 子育て支援活動（町内会等の活動は除く）	1	2	3	4	5	88
(e) 防犯活動（町内会等の活動は除く）	1	2	3	4	5	88
(f) 防災活動（町内会等の活動は除く）	1	2	3	4	5	88
(g) 家族介護者支援活動（町内会等の活動は除く）	1	2	3	4	5	88
(h) 町内会・自治会等の活動（会合を含む）	1	2	3	4	5	88

【あなたの暮らし方、主に消費の仕方と行動についておきかせ下さい。】

問28　今年の6〜8月についてうかがいます。あなたはフードデリバリーサービスをどのくらいの頻度で利用しましたか。あなたの実際に最も近い番号を一つ選び回答欄に記して下さい。

> **フードデリバリーサービス**とは、独自の出前サービスをしていない飲食店と提携して、注文の受付・決済・配達などを代行するサービスです。あなたがスマートフォンなどのアプリを介してメニューを注文すると、フードデリバリーサービス専門の業者が飲食店と配達スタッフへ注文内容が伝わり、あなたのところに料理が配達されます。

　　　1　毎日利用した　　　　　　　　　　2　週2〜3回利用した
　　　3　月に数回利用した　　　　　　　　5　月1回程度利用した
　　　6　2〜3か月に1回利用している
　　　7　その他（　　　　　　　　　　　）8　いままで利用したことはない

問29　今年の6〜8月についてうかがいます。あなたはネットショッピングでの商品購入をどのくらいの頻度で利用しましたか。食品だけでなく、日用品や衣類など**すべての消費**について、あなたの実際に最も近い番号を一つ選び回答欄に記して下さい。

　　　1　毎日利用した　　　　　　　　　　2　週2〜3回利用した
　　　3　月に数回利用した　　　　　　　　5　月1回程度利用した
　　　6　2〜3か月に1回利用している
　　　7　その他（　　　　　　　　　　　）8　いままで利用したことはない

198

問30　食品を購入するとき、あなたは、どのような観点を重視しますか。((a)〜(n)それぞれ一つずつに○をして下さい)

	非常に重視	まあまあ重視	あまり重視しない	まったく重視しない
(a) 価格	1	2	3	4
(b) 味	1	2	3	4
(c) 栄養素	1	2	3	4
(d) 利便性	1	2	3	4
(e) 安全性	1	2	3	4
(f) 見た目・形	1	2	3	4
(g) 流行	1	2	3	4
(h) ブランド	1	2	3	4
(i) 生産地	1	2	3	4
(j) 口コミ	1	2	3	4
(k) 自分らしさ	1	2	3	4
(l) 自然環境への配慮	1	2	3	4
(m) 生産者の人権擁護	1	2	3	4
(n) 地域経済の活性化	1	2	3	4

問31　衣類を購入するとき、あなたは、どのような観点を重視しますか。((a)〜(m)それぞれ一つずつに○をして下さい)

	非常に重視	まあまあ重視	あまり重視しない	まったく重視しない
(a) 価格	1	2	3	4
(b) 品質・性能	1	2	3	4
(c) 利便性	1	2	3	4
(d) 安全性	1	2	3	4
(e) デザイン	1	2	3	4
(f) 流行	1	2	3	4
(g) ブランド	1	2	3	4
(h) 生産地	1	2	3	4
(i) 口コミ	1	2	3	4
(j) 自分らしさ	1	2	3	4
(k) 自然環境への配慮	1	2	3	4
(l) 生産者の人権擁護	1	2	3	4
(m) 地域経済の活性化	1	2	3	4

問32　収入と比べてあなたの消費生活は充実していると感じますか。あなたの考えに最も近い番号を一つ選び回答欄に記して下さい。

1　十分感じる　→ 問33へ　　2　まあまあ感じる　→ 問33へ
3　あまり感じない　→ 問32−1へ　　4　ほとんど感じない　→ 問32−1へ

問32−1　問32　で「3　あまり感じない　4　ほとんど感じない」と答えた方にお聞きします。消費生活が充実していないと感じるのはどのような場面ですか。**あてはまるすべてに〇をして下さい。**

　　　1　食生活（食べること）　　　　　　　2　衣生活（着るもの、被服費）
　　　3　住生活（住宅、住宅環境）　　　　　4　近隣の人や、友人や知人との交際
　　　5　観劇・読書・学習など教養・文化生活　6　自動車や電気製品、家具などの耐久消費財
　　　7　おしゃれ、身だしなみ（理容・美容）　8　楽しみごとやレジャーなど（娯楽、旅行等）
　　　9　その他（具体的にお書き下さい：　　　　　　　　　　　　　　　　　　　　）

問33　あなたは、エシカル消費という言葉を知っていましたか。あなたの実際に最も近い番号を一つ選び回答欄に記して下さい。

> 「エシカル消費（倫理的消費）」とは、「地域の活性化や雇用などを含む、人・社会・地域・環境に配慮した消費行動」（消費者庁「第4期消費者基本計画」より）のことを意味します。

　　　1　言葉は知っていたが、内容までは知らなかった　→　問33−1へ
　　　2　言葉を知っていただけでなく、内容の説明もできる　→　問33−1へ
　　　3　いずれも知らなかった　→　問34へ

　　問33−1　<u>問33で「1」と「2」を選択した方</u>にうかがいます。あなたは現在、エシカル消費を実践していますか。あなたの実際に最も近い番号を一つ選び回答欄に記して下さい。
　　　1　頻繁に実践している　→　問33−2へ　　2　ときどき実践している→　問33−2へ
　　　3　あまり実践していない→　問34へ　　　4　全く実践していない　→　問34へ

　　問33−2　<u>問33−1で「1」と「2」を選択した方</u>にうかがいます。どのようなエシカル消費を実践していますか。**あてはまるすべてに〇をして下さい。**（複数回答）（選択肢に関する説明は別表を参照）
　　1　地域産業・地域経済の活性化　　　2　脱炭素社会の実現
　　3　自然環境への配慮　　　　　　　　4　動物福祉（アニマルウェルフェア）　　5　廃棄物抑制
　　6　サプライチェーンに配慮して生産された商品購入
　　7　寄付や社会的責任投資　　　　　　8　その他（　　　　　　　　　　　　　　）

問34　あなたは、今後、エシカル消費を実践したい、もしくは、エシカル消費の実践を継続したいと思いますか。あなたの考えに最も近い番号を一つ選び回答欄に記して下さい。
　　　1　頻繁に実践したい　→　問34−1へ　　　2　ときどき実践したい　→　問34−1へ
　　　3　あまり実践したくない　→　問34−2へ　4　全く実践したくない　→　問34−2へ

　　問34−1　<u>問34で「1」と「2」を選択した方（エシカル消費を実践したい方）</u>にうかがいます。あなたは、今後、エシカル消費を実践したい、もしくは、エシカル消費の実践を継続したいと考える内容は何ですか。**あてはまるすべてに〇をして下さい。**（複数回答）（選択肢に関する説明は別表を参照）
　　1　地域産業・地域経済の活性化　　　2　脱炭素社会の実現
　　3　自然環境への配慮　　　　　　　　4　動物福祉（アニマルウェルフェア）　　5　廃棄物抑制
　　6　サプライチェーンに配慮して生産された商品購入
　　7　寄付や社会的責任投資　　　　　　8　その他（　　　　　　　　　　　　　　）

問34-2　**問34で「3」と「4」を選択した方（エシカル消費を実践したくない方）にうかがいます。あなたは、どのような条件が整えばエシカル消費を実践したいとお考えですか。あてはまるすべてに〇をして下さい。（複数回答）**

1　価格が同じだったら　　　　　　　　　2　自分にとってメリットがあったら
3　自分に関心のある社会問題の解決につながる商品であったら
4　身近に購入できるなら　　　　5　身近にエシカル消費をしている人がいるなら
6　デザインがよく、おしゃれであったら　　　7　サンプルを試す機会があったら
8　その他（　　　　　　　　　　　　　　　　　　　　　　　　　）
9　どのような条件でも今後エシカル消費をすることはない

【あなたの暮らしの経済的側面についてお聞きかせ下さい】

問35　新型コロナウイルス感染拡大が始まった2020年5月頃と現在を比較して、ひと月あたりの所得は変化しましたか。あなたの実際に最も近い番号を一つ選び回答欄に記して下さい。

1　1～2割程度減少した　　　　2　3～4割程度減少した　　　3　5割程度減少した
4　6割以上減少した　　　　　　5　1～2割程度増加した　　　6　3～4割程度増加した
7　5割程度増加した　　　　　　8　6割以上増加した　　　　　9　横ばいである
10　その他（　　　　　　　　　　　　　　　　　　　　　）　　　□

問35-1　**問35で「1」～「4」を選択した方（減収した方）にうかがいます。それ以外の方は問36へおすすみ下さい。所得が減った主な要因は何ですか。あなたの実際に最も近い番号を一つ選び回答欄に記して下さい。**

1　新型コロナウイルスが原因の勤め先の倒産　　　2　新型コロナウイルスが原因の勤務時間の短縮
3　新型コロナウイルスが原因の自己都合退職
4　新型コロナウイルス以外が原因の自己都合退職
5　新型コロナウイルス以外の勤め先都合による退職
6　新型コロナウイルス以外の勤め先都合による勤務時間の短縮
7　育児による退職　　　　8　育児による休業　　　9　育児による勤務時間の短縮
10　家族・親族、友人などの介護による退職　　　11　家族・親族、友人などの介護による休業
12　家族・親族、友人などの介護による勤務時間の短縮
13　定年退職　　　　　　14　その他（　　　　　　　　　　　　）　　□

問36　2020年5月から現在に至るまで、あなたの貯蓄（貯金）は変化しましたか。あなたの実際に最も近い番号を一つ選び回答欄に記して下さい。

1　貯蓄が増えた　　　2　貯蓄が減った　　　3　横ばい
4　その他（　　　　　　　　　　　　　　）　　　□

問37　あなたの家の生活は、世間一般から見て、どのような高さ・水準にあると思いますか。あなたの考えに最も近い番号を一つ選び回答欄に記して下さい。

1　上　　　2　中の上　　　3　中の中　　　4　中の下　　　5　下の上　　　6　下の下　　□

問38　あなたは日々の生活のやりくりをどのように感じていますか。あなたの考えに最も近い番号を一つ選び回答欄に記して下さい。

1　非常に苦しい　　　2　やや苦しい　　　3　ややゆとりがある　　　4　ゆとりがある　　□

【あなたご自身のことについておきかせ下さい】

問 39　あなたの性別を教えて下さい。あなたの実際に最も近い番号を一つ選び回答欄に記して下さい。

　　　1　女性　　　　　2　男性　　　　　3　どちらかといえば答えたくない　　[　　]

問 40　あなたの年齢をおきかせ下さい。（2021（令和 3）年 1 月 1 日の満年齢でお答え下さい）

　　　　　　　　　　　　　　　　　　　　　　　　　　満（　　　　　　）才

問 41　あなたの職業をおきかせ下さい。あなたの実際に最も近い番号を一つ選び回答欄に記して下さい。

　　　1　会社を経営
　　　2　農林業・商業・漁業・製造業などの自営業（家族従事者も含む）
　　　3　会社員で役員や管理職
　　　4　一般の会社員（事務や営業職、販売、製造や運転）
　　　5　一般の会社員（商業・サービス業関係）
　　　6　一般の会社員（その他）
　　　7　専門的職業（教員、技術者、看護師など）
　　　8　日雇い・内職
　　　9　主婦・主夫（仕事はしていない）
　　　10　年金生活者（仕事はしていない）
　　　11　そのほかの無業者　　　　　　　　　　　　　　　　　[　　]

問 42　あなたの学歴を教えて下さい。中退の場合は、その前の学歴でお答え下さい。

　　　1　中学校　　　　　　2　高校　　　　　　　3　短大・専門学校
　　　4　大学・大学院　　　5　その他（　　　　　　　　　　　　）　　[　　]

問 43　同居しているご家族は全員で何人ですか（本人を含め数えます。単身なら 1 人と回答）。

　　　　　　　　　　　　　　　　　　　　　　　　　　　（　　　　　　）人

問 44　お子さんがいらっしゃる方におうかがいします。それ以外の方は問 45 へおすすみ下さい。
　　　あなたの末子の年齢を教えて下さい。

　　　1　1 歳未満　　　　　2　1 歳〜3 歳未満　　　　3　3 歳〜6 歳未満
　　　4　6 歳〜12 歳未満　　5　12 歳〜15 歳未満　　　6　15 歳以上　　[　　]

問 45　あなたのお住まいについて教えて下さい。あなたの実際に最も近い番号を一つ選び回答欄に記して下さい。

1　持ち家（戸建て）　　　　2　持ち家（マンション）　　　3　民間賃貸住宅
4　シェアハウス　　　　　　5　その他（　　　　　　　　　　　）　　[　　]

問 46　あなたは、現在のお住まいに、何年間お暮しですか。あなたの実際に最も近い番号を一つ選び回答欄に記して下さい。

　　　1　1 年未満　　　2　1 年〜3 年未満　　　3　3 年〜5 年未満　　　4　5 年〜10 年未満
　　　5　10 年〜15 年未満　　6　15 年〜20 年未満　　7　20 年以上　　[　　]

資料

「多摩区住民の生活と福祉に関する意識調査」

２．単純集計結果（※問25を除く）

問1 現在，あなたは，ご自身のこころとからだの健康状態をどのように感じていますか。（%，N=251）

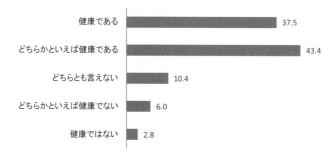

問2 あなたのこころとからだの健康状態は，コロナ禍（新型コロナウイルス感染拡大）による影響をどの程度受けていると思いますか。（%，N=252）

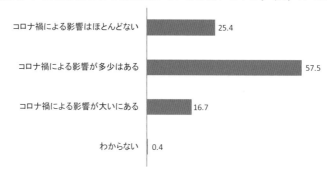

問3 あなたには普段から定期的に受診している，もしくは体調が悪くなった時にすぐに利用できる医療機関がありますか。（%，N=223）

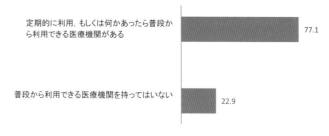

問3－1　普段から利用もしくは利用可能な医療機関は，コロナ禍（新型コロナウ
　　　　イルス感染拡大）によって，利用しやすさにどのような変化がありまし
　　　　たか。（％，N=191）

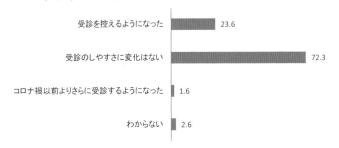

問4　川崎市が実施している子どもの医療費（自己負担分）助成制度「小児医療費
　　　助成制度」をご存じですか。（％，N=232）

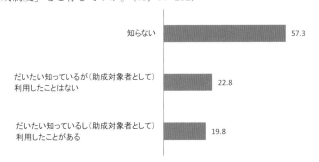

問5　お子さんがいる方にうかがいます。それ以外の方は問6へおすすみ下さい。
　　　お子さんがいる場合，小学校に入る前に利用していた，もしくは現在利用し
　　　ている保育サービスはありますか。ある場合それはどのようなものですか。
　　　（％，N=89）

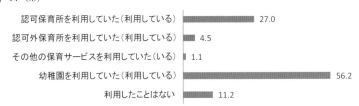

問6　あなたは介護サービスを利用していますか。（%，N=243）

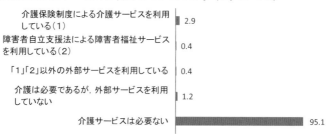

問7　あなたのご家族（親・子・兄弟姉妹の範囲で）は介護サービスを利用していますか。（%，N=229）

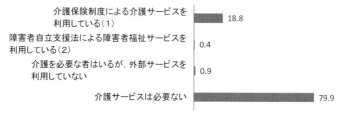

問7－1　ご家族に要介護者等がいらっしゃる方におうかがいします。
　　　　あなたは，主な介護者ですか。（%，N=48）

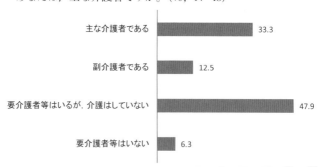

問8　あなたはどのタイプの所得保障を受けていますか。
　　　（複数回答，％，N=254）

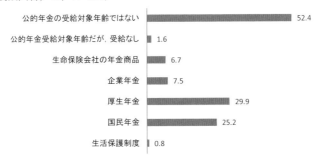

公的年金の受給対象年齢ではない	52.4
公的年金受給対象年齢だが，受給なし	1.6
生命保険会社の年金商品	6.7
企業年金	7.5
厚生年金	29.9
国民年金	25.2
生活保護制度	0.8

問8-1　問8でいずれかの年金に○を付けた方に質問します。
　　　　受給金額が最も多い年金はどれですか。（％，N=123）

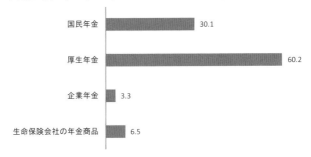

国民年金	30.1
厚生年金	60.2
企業年金	3.3
生命保険会社の年金商品	6.5

問9　老後生活における老齢年金と個人の備えの関係について，あなたの考えに最
　　　も近い番号を一つ選び回答欄に記して下さい。（％，N=251）

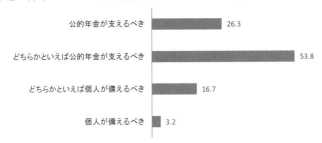

公的年金が支えるべき	26.3
どちらかといえば公的年金が支えるべき	53.8
どちらかといえば個人が備えるべき	16.7
個人が備えるべき	3.2

208

問10　生活保護は，生活に困った時に誰もが平等に利用できる権利であると思いますか。（％，N=250）

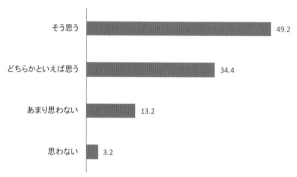

問11　あなたは，いざという時（生活に困った時）には，生活保護を利用したいと思いますか。（％，N=251）

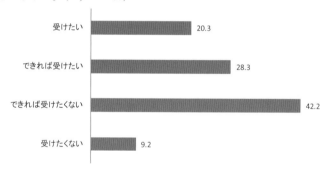

問12　「生活保護を利用している人が，利用していない人より権利を制限されることはやむを得ない」ことだと思いますか。（％，N=252）

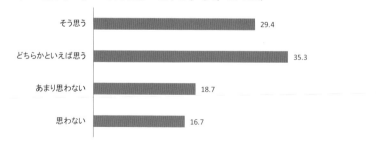

問13　あなたは，保育・介護・障害などの福祉サービスを利用する時に，利用者は
　　　どのように費用負担すべきだと考えますか。（%，N=247）

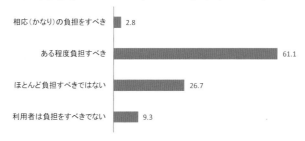

問14　あなたは，「貧困」というと，どのような状態を想像（イメージ）しますか。
　　　（複数回答，%，N=254）

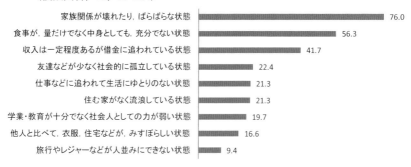

問15　人が貧困になるのは，個人に責任があると思いますか，それとも，社会に責
　　　任があると思いますか。（%，N=241）

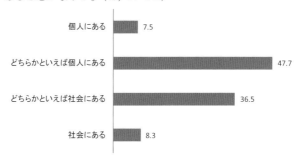

問16　あなたは，貧しいとか貧困であることは，肩身が狭いとか恥ずかしいことだと思いますか。(％，N=248)

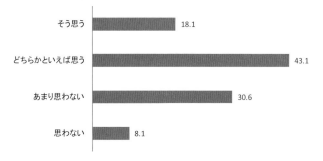

問17　あなたが現在居住している区域について，あてはまる番号を一つ選択して○をして下さい。(％，N=244)

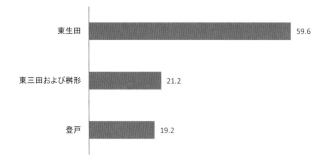

問18 a　あなたは，次の人びとを信頼できると思いますか。
　　　「a　ほとんどの人」(％，N=236)

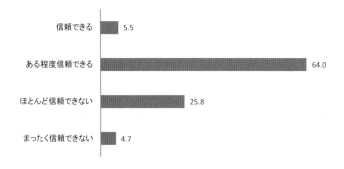

問18b　あなたは，次の人びとを信頼できると思いますか。
　　　　「b　家族・親戚」（％，N＝239）

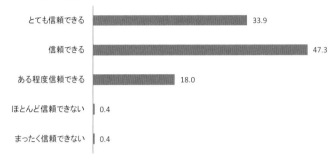

問18c　あなたは，次の人びとを信頼できると思いますか。
　　　　「c　近所の人びと」（％，N＝239）

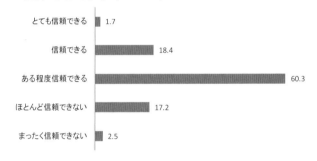

問18d　あなたは，次の人びとを信頼できると思いますか。
　　　　「d　友人・知人」（％，N＝242）

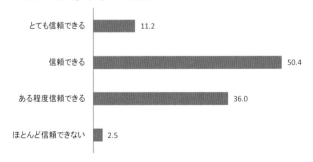

問18 e　あなたは，次の人びとを信頼できると思いますか。
　　　　「e　職場の同僚」（％，N=242）

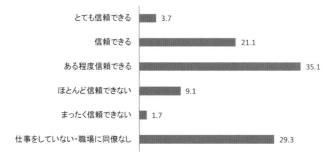

問18 f　あなたは，次の人びとを信頼できると思いますか。
　　　　「f　見知らぬ人」（％，N=240）

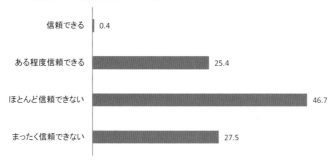

問18 g　あなたは，次の人びとを信頼できると思いますか。
　　　　「g　市町村役場の職員や警察官などの公務員」（％，N=243）

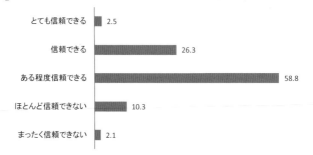

問19 a　あなたは，次の人びとが困っているときに助け合うことは「お互い様だ」
　　　　と思いますか。
　　　　「a　ほとんどの人」（％，N=243）

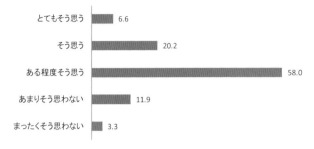

問19 b　あなたは，次の人びとが困っているときに助け合うことは「お互い様だ」
　　　　と思いますか。
　　　　「b　家族・親戚」（％，N=244）

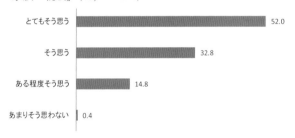

問19 c　あなたは，次の人びとが困っているときに助け合うことは「お互い様だ」
　　　　と思いますか。
　　　　「c　近所の人びと」（％，N=243）

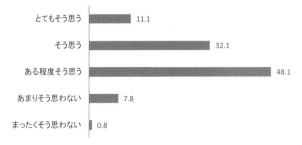

問19d　あなたは，次の人びとが困っているときに助け合うことは「お互い様だ」と思いますか。
　　　　「d　友人・知人」（％，N=242）

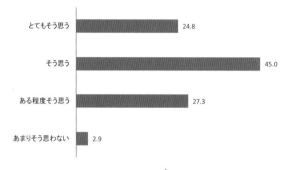

問19e　あなたは，次の人びとが困っているときに助け合うことは「お互い様だ」と思いますか。
　　　　「e　職場の同僚」（％，N=238）

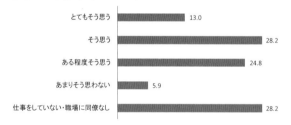

問19f　あなたは，次の人びとが困っているときに助け合うことは「お互い様だ」と思いますか。
　　　　「f　見知らぬ人」（％，N=243）

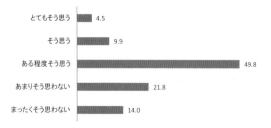

問20　日常生活の個人的な問題や心配ごと（失業，収入の少なさ，病気，老後，日常の身の回り等）について，あなたはどのような人または組織を頼りにしますか。（コロナ禍前：％）

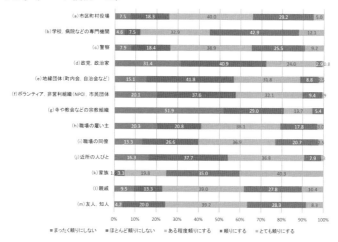

問20　日常生活の個人的な問題や心配ごと（失業，収入の少なさ，病気，老後，日常の身の回り等）について，あなたはどのような人または組織を頼りにしますか。（コロナ禍後：％）

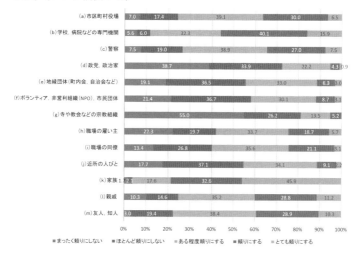

問21　あなたは，コロナ禍の現在に，次の人びとと，どの程度，頻繁に交流していますか（対面，手紙，電話，インターネット上の通信：ビデオ通話，SNS上のやりとりをすべて含みます）。(%)

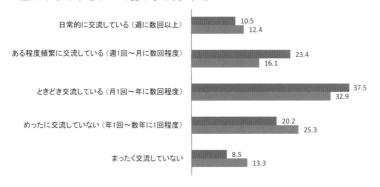

問22　あなたが現在もっとも親しい人，最大5人についてお伺いします。
　　　最も親しい人である順に「Aさん」，「Bさん」，「Cさん」，「Dさん」，「Eさん」のお住まいの地域について，あてはまる番号を一つ選択して〇をして下さい。(%)

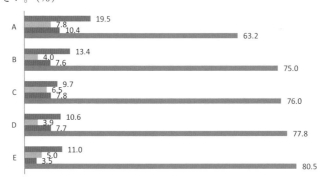

問23　最も親しい人が住む場所（調査地外）（％，N=714）

地域	割合
不明	0.6%
群馬県	0.1%
福岡県	0.1%
熊本県	0.1%
愛媛県	0.1%
島根県	0.1%
岡山県	0.1%
岐阜県	0.1%
宮崎県	0.1%
滋賀県	0.3%
広島県	0.4%
山梨県	0.4%
奈良県	0.4%
香川県	0.6%
静岡県	0.6%
茨城県	0.6%
海外	0.6%
栃木県	0.6%
新潟県	0.6%
岩手県	0.6%
青森県	0.7%
愛知県	0.7%
大阪府	0.7%
秋田県	0.8%
山形県	0.8%
宮城県	0.8%
北海道	0.8%
京都府	0.8%
兵庫県	1.0%
長野県	1.4%
福島県	1.7%
埼玉県	3.6%
千葉県	4.3%
東京都	32.8%
神奈川県	41.7%

問24　あなたは，普段，地域の一員であるということを意識していますか。
　　　（％，N=249）

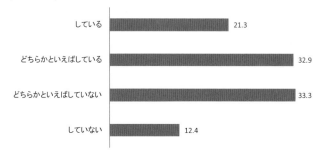

問26　あなたは，市民活動団体 NPO 法人，任意のボランティア団体といった市民
　　　活動団体の会員になっていますか（政治活動・宗教活動は除く）。
　　　（％，N=244）

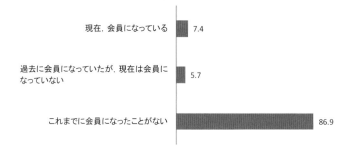

問27　あなたは，最近1年間で次のような地域活動にどの程度参加しましたか。
　　　（%）

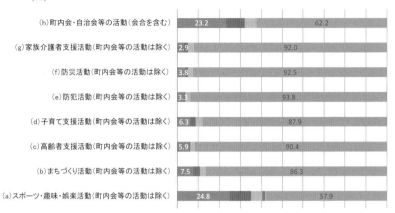

問28　今年の6〜8月についてうかがいます。
　　　あなたはフードデリバリーサービスをどのくらいの頻度で利用しましたか。
　　　（%，N=252）

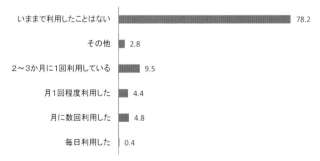

220

問29　今年の6〜8月についてうかがいます。
　　　あなたはネットショッピングでの商品購入をどのくらいの頻度で利用しましたか。食品だけでなく，日用品や衣類などすべての消費について。
　　　（％，N=252）

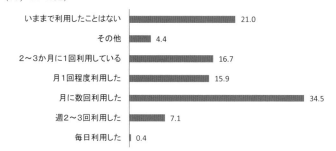

問30　食品を購入するとき，あなたは，どのような観点を重視しますか。（％）

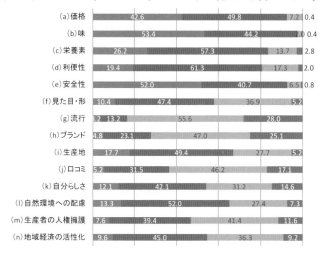

問31　衣類を購入するとき，あなたは，どのような観点を重視しますか。（%）

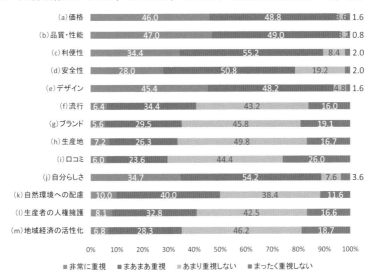

問32　収入と比べてあなたの消費生活は充実していると感じますか。
（%，N=248）

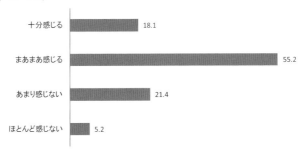

問32－1　消費生活が充実していないと感じるのはどのような場面ですか。
　　　　（複数回答，％）

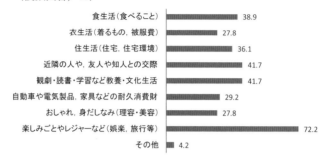

問33　あなたは，エシカル消費という言葉を知っていましたか。
　　　（％，N=160）

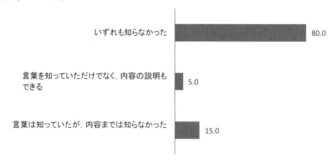

問33－1　問33で「1」と「2」を選択した方にうかがいます。
　　　　　あなたは現在，エシカル消費を実践していますか。（％，N=66）

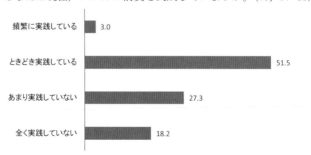

問33－2　問33－1で「1」と「2」を選択した方にうかがいます。
　　　　どのようなエシカル消費を実践していますか。（複数回答，％）

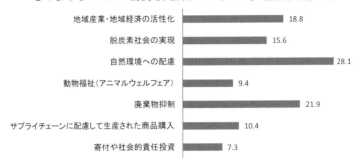

問34　あなたは，今後，エシカル消費を実践したい，もしくは，エシカル消費の実
　　　践を継続したいと思いますか。（％，N=235）

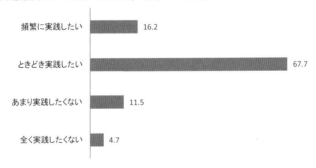

問34−1 問34で「1」と「2」を選択した方（エシカル消費を実践したい方）に
うかがいます。
あなたは，今後，エシカル消費を実践したい，もしくは，エシカル消費
の実践を継続したいと考える内容は何ですか。
（複数回答，％，N=216）

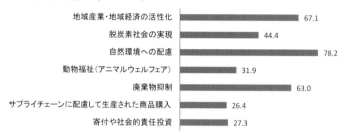

地域産業・地域経済の活性化 67.1
脱炭素社会の実現 44.4
自然環境への配慮 78.2
動物福祉（アニマルウェルフェア） 31.9
廃棄物抑制 63.0
サプライチェーーンに配慮して生産された商品購入 26.4
寄付や社会的責任投資 27.3

問34−2 問34で「3」と「4」を選択した方（エシカル消費を実践したくない方）
にうかがいます。
あなたは，どのような条件が整えばエシカル消費を実践したいとお考え
ですか。（複数回答，％）

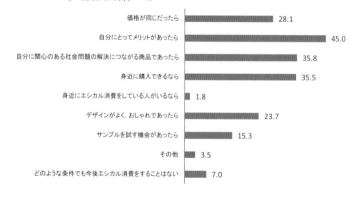

価格が同じだったら 28.1
自分にとってメリットがあったら 45.0
自分に関心のある社会問題の解決につながる商品であったら 35.8
身近に購入できるなら 35.5
身近にエシカル消費をしている人がいるなら 1.8
デザインがよく，おしゃれであったら 23.7
サンプルを試す機会があったら 15.3
その他 3.5
どのような条件でも今後エシカル消費をすることはない 7.0

問35　新型コロナウイルス感染拡大が始まった2020年5月頃と現在を比較して，ひと月あたりの所得は変化しましたか。（％，N=251）

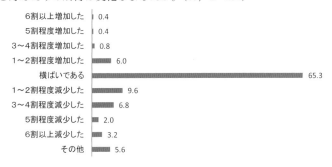

問35－1　問35で「1」～「4」を選択した方（減収した方）にうかがいます。それ以外の方は問36へおすすみ下さい。
　　　　所得が減った主な要因は何ですか。（％，N=53）

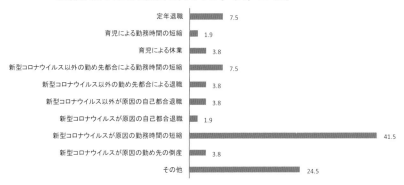

問36　2020年5月から現在に至るまで，あなたの貯蓄（貯金）は変化しましたか。（%，N=244）

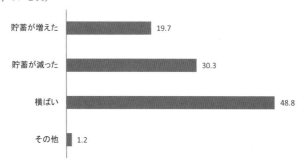

問37　あなたの家の生活は，世間一般から見て，どのような高さ・水準にあると思いますか。（%，N=246）

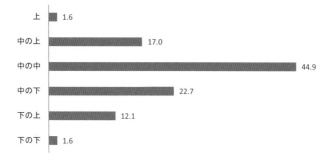

問38　あなたは日々の生活のやりくりをどのように感じていますか。（%，N=246）

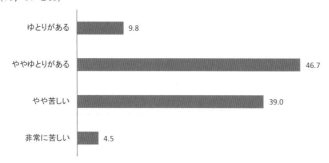

フェイスシートへの回答

問39　あなたの性別を教えて下さい。(%, N=252)

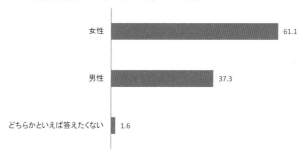

女性	61.1
男性	37.3
どちらかといえば答えたくない	1.6

問40　あなたの年齢をおきかせ下さい。〔2021（令和3）年1月1日の満年齢〕(%, N＝243)

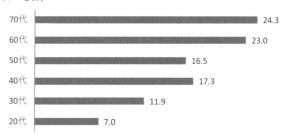

70代	24.3
60代	23.0
50代	16.5
40代	17.3
30代	11.9
20代	7.0

問41　あなたの職業をおきかせ下さい。(%, N=247)

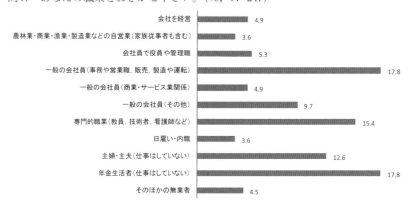

会社を経営	4.9
農林業・商業・漁業・製造業などの自営業（家族従事者も含む）	3.6
会社員で役員や管理職	5.3
一般の会社員（事務や営業職, 販売, 製造や運転）	17.8
一般の会社員（商業・サービス業関係）	4.9
一般の会社員（その他）	9.7
専門的職業（教員, 技術者, 看護師など）	15.4
日雇い・内職	3.6
主婦・主夫（仕事はしていない）	12.6
年金生活者（仕事はしていない）	17.8
そのほかの無業者	4.5

問42　あなたの学歴を教えて下さい。中退の場合は，その前の学歴でお答え下さい。
　　　（%，N＝252）

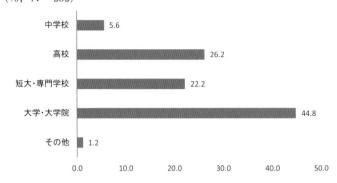

問43　同居しているご家族は全員で何人ですか（本人を含め数えます。単身なら1
　　　人と回答）。（%，N=229）

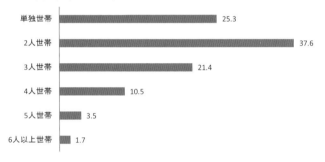

問44　お子さんがいらっしゃる方におうかがいします。
　　　あなたの末子の年齢を教えて下さい。（%，N＝153）

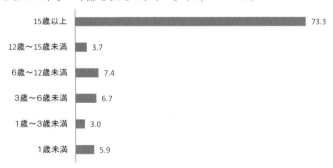

問45　あなたのお住まいについて教えて下さい。(％，N=251)

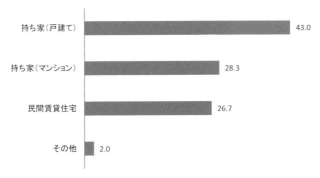

問46　あなたは，現在のお住まいに，何年間お暮しですか。(％，N=251)

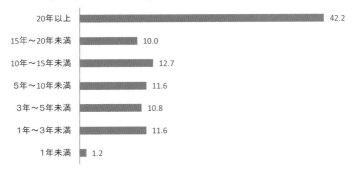

あとがき

　本書は，専修大学社会科学研究所の特別研究助成（2019年度採択）により実施された「川崎市をフィールドとする産業・労働・生活の現状と課題に関する研究」に参加した研究所員による論考をまとめたものである。研究期間は特別研究の3年および追加で受けた単年度のグループ助成を加えて計4年に及ぶ。この研究においてわれわれは，川崎という一つの大都市をフィールドとして，グループメンバーの多岐にわたる専門に応じたアプローチのもと「産業・労働・くらし」という都市の多側面の対象化を試みた。

　しかし何よりも，研究期間が「コロナ禍」と重なることで，調査研究には当初予定の変更を種々余儀なくするところの困難が生じたことを記さざるを得ない。そうした制約の中，グループメンバーの動員しうる「資源」にも依拠して，本プロジェクトはひとまず区切りをつけることができた。

　さて，産業集積の歴史的変遷およびその川崎における展開とそのありようは，地域で暮らす人びとのくらしと仕事に時代に応じたさまざまな規定や制約を設けてきたであろう。今回，そうした川崎という都市圏域の現代における「物語」を紡ぎえるほどの分析枠組を持つまでには至らず，研究分担者の当面の関心，およびメンバーが実施してきた各種調査の分析に基づく現代の川崎という地域的諸特徴の「断面」の提示にとどまっていることをお断りしておきたい。

　この，川崎という都市・地域を，統一された分析枠組をもって，大きな構図，「物語」の下に描き出すという作業は，本学・本研究所において今後もさまざまな形で取り組まれるであろう川崎研究のなかで，引き続き追究されるべき重要な課題であることを確認して，本書全体の結びにかえたい。

　最後に，本書編集の労は専修大学出版局の真下恵美子氏におとりいただい

たが，何よりも編者の怠慢から多くの原稿の入稿が甚だしく遅延し，同氏には多大なご迷惑をおかけした。本書が何とか刊行にこぎつけることができたのは，ひとえに真下氏の粘り強いご尽力とご指導・ご鞭撻の賜物である。真下氏には心よりお詫びと御礼を申し上げたい。

2024年3月　　編者

執筆者紹介 （執筆順）

小池隆生（こいけ たかお）
[現職] 専修大学経済学部教授
[専門] 社会政策，社会保障論
[著書・論文]「貧困認識と規定要因としての「農村的生活様式」―岩手県内自治体住民に対する意識調査結果から」『専修大学社会科学研究所月報』663号，2018年。「生活保護『改革』を考える」新井康友他編『検証「社会保障改革」―住民の暮らしと地域の実態から』（第2章）自治体研究社，2014年。「労働と生活にとっての『安定』とは何か―貧困を捉える視角としての『移動』を考える」町田俊彦編『雇用と生活の転換―日本社会の構造変化を踏まえて』（第5章）専修大学出版局，2014年，ほか。

兵頭淳史（ひょうどう あつし）
[現職] 専修大学経済学部教授
[専門] 社会政策，労働問題，労働運動史
[著書・論文]『図説・労働の論点』旬報社，2016年（共著）。『ワークフェアの日本的展開』専修大学出版局，2015年（共編著）。『現代労働問題分析』法律文化社，2010年（共編著）。「最低賃金制と社会運動ユニオニズム」『季刊・労働者の権利』350号，2023年。「社会政策の形成と労働者集団の役割―戦後日本の労働組合による最低賃金制運動を中心に」『日本労働研究雑誌』64巻10号，2022年，ほか。

長尾謙吉（ながお けんきち）
[現職] 専修大学経済学部教授
[専門] 経済地理学，都市・地域経済論
[著書・論文] Local industrial displacement, zoning conflicts and *monozukuri* planning in Higashi Osaka, Japan, *Land Use Policy*, Vol. 134, 2023（共著）。「持続可能な経済社会とローカリティ研究」『21世紀における持続可能な経済社会の創造に向けて』（日本経済学会連合）1巻3号，2022年（共著）。『社会連帯経済と都市―フランス・リールの挑戦』ナカニシヤ出版，2021年（共編著），ほか。

遠山　浩（とおやま こう）
[現職] 専修大学経済学部教授
[専門] 金融論，イノベーション論，中国経済論
[著書・論文]『中堅・中小企業のイノベーション創出と産業集積地の将来―SDGs・カーボンニュートラルをふまえた検討―』専修大学出版局，2024年。「イノベーション創出都市　変貌する深圳」『専修大学社会科学研究所月報』No. 665，2018年。「台湾IT企業のサプライチェーンと金融」関満博編（共著）『台湾IT産業の中国長江デルタ集積』（第6章），新評論，2005年。「民営中小企業と金融問題」関満博編（共著）『現代中国の民営中小企業』（第10章）新評論，2006年，ほか。

宮嵜晃臣（みやざき てるおみ）

[**現職**] 専修大学経済学部教授

[**専門**] 日本経済論

[**著書・論文**]「長野県北信地方の産業集積の形成過程について」『専修経済学論集』第57巻第3号，2023年。「塩尻市の産業構造とブドウ栽培・ワイン醸造」『専修大学人文科学研究所月報』317号，2022年。「少子化の歴史的位相と日本の特性」経済理論学会編『季刊経済理論』第58巻第1号，2021年。「日本の高度成長・安定成長・長期停滞への推移とその教訓」徐一睿・孫文遠編『クールダウン・エコノミー——日本の歴史的経験と中国の現状』（社会科学研究叢書23）専修大学出版局，2021年，ほか。

山縣宏寿（やまがた ひろひさ）

[**現職**] 専修大学経済学部准教授

[**専門**] 労働政策，雇用関係論，人事労務管理

[**著書・論文**]「最低賃金による雇用喪失効果と政策の連携」『社会政策』15巻3号，2024年。「役割給と配置転換」『商学論纂』（中央大学）62巻5・6号，2021年。「生協における賃金・査定と労働組合」法政大学大原社会問題研究所・鈴木玲編『新自由主義と労働』，御茶の水書房，2010年，ほか。

森　啓輔（もり けいすけ）

[**現職**] 専修大学経済学部准教授

[**専門**] 政治社会学，社会運動論

[**著書・論文**]『沖縄山原／統治と抵抗—戦後北部東海岸をめぐる軍政・開発・社会運動』ナカニシヤ出版，2023年。Resilience of the Community against Environmental Pollution: The Knowledge Production Process of Local Activism on PFAS Contamination on the US Military Bases in Okinawa, *Okinawan Journal of Island Studies*, Vol. 3 No. 2, 2022, Connections Result in a General Upsurge of Protests: Egocentric Network Analysis of Social Movement Organizations after the Fukushima Nuclear Accident with Keiichi Satoh and Wan Yin Kimberly Fung, *Social Movement Studies*, Vol. 21, 2022, ほか。

鈴木奈穂美（すずき なおみ）

[**現職**] 専修大学経済学部教授

[**専門**] 生活経済論，生活経営論

[**著書・論文**]「コロナ禍を通して考える生活経営の再構築に向けた2つの視点—3つの講演から考える—」『生活経営学研究』58号，2023年。「アンペイドワークと生活時間」『ジェンダーで学ぶ生活経済論—持続可能な生活のためのワーク・ライフキャリア』（伊藤純・斎藤悦子編著）ミネルヴァ書房，2021年。「自立支援施策におけるアウトリーチ・サービス・モデルの理論的枠組み」『社会科学研究年報』（専修大学社会科学研究所）53号，2019年，ほか。

専修大学社会科学研究所 社会科学研究叢書 26

川崎の研究
——産業・労働・くらしの諸相——

2024 年 3 月 30 日　第 1 版第 1 刷

編　者　　小池隆生・兵頭淳史

発行者　　上原伸二

発行所　　専修大学出版局
　　　　　〒101-0051　東京都千代田区神田神保町 3-10-3
　　　　　　　　　　　　　　　　㈱専大センチュリー内
　　　　　電話　03-3263-4230 ㈹

印　刷
製　本　　電算印刷株式会社

◇専修大学社会科学研究所　社会科学研究叢書◇

社会科学研究叢書 25
復興アダプティブ・ガバナンスの実相——東日本大震災10年の中間総括——
大矢根 淳 編　　　　　　　　　　　　　A5 判　496 頁　4800 円

社会科学研究叢書 24
異文化社会の理解と表象研究
土屋昌明 編　　　　　　　　　　　　　A5 判　406 頁　4300 円

社会科学研究叢書 23
クールダウン・エコノミー——日本の歴史的経験と中国の現状——
徐 一睿・孫 文遠 編　　　　　　　　　A5 判　348 頁　3600 円

社会科学研究叢書 22
専修大学社会科学研究所70年史
専修大学社会科学研究所 編　　　　　　A5 判　434 頁　4500 円

社会科学研究叢書 21
アクション・グループと地域・場所の形成——アイデンティティの模索——
松尾容孝 編　　　　　　　　　　　　　A5 判　356 頁　3600 円

社会科学研究叢書 20
映像の可能性を探る——ドキュメンタリーからフィクションまで
土屋昌明 編　　　　　　　　　　　　　A5 判　260 頁　3200 円

社会科学研究叢書 19
変容するベトナムの社会構造——ドイモイ後の発展と課題——
佐藤康一郎 編　　　　　　　　　　　　A5 判　260 頁　3200 円

社会科学研究叢書 18
社会の「見える化」をどう実現するか——福島第一原発事故を教訓に——
三木由希子・山田健太 編著　　　　　　A5 判　332 頁　3400 円

社会科学研究叢書 17
ワークフェアの日本的展開——雇用の不安定化と就労・自立支援の課題——
宮嵜晃臣・兵頭淳史 編　　　　　　　　A5 判　272 頁　3200 円

社会科学研究叢書 16
学芸の還流——東-西をめぐる翻訳・映像・思想——
鈴木健郎・根岸徹郎・厳 基珠 編　　　A5 判　464 頁　4800 円

（価格は本体）